RANIERO CANTALAMESSA

O MISTÉRIO DA PÁSCOA

Na história, na liturgia, na vida

EDITORA
SANTUÁRIO

DIREÇÃO EDITORIAL:
Pe. Fábio Evaristo R. Silva, C.Ss.R.

REVISÃO:
Luana Galvão

COORDENAÇÃO EDITORIAL:
Ana Lúcia de Castro Leite

DIAGRAMAÇÃO:
Marcelo Tsutomu Inomata

COPIDESQUE:
Cristina Nunes

CAPA:
Bruno Olivoto

Tradução de Pe. Luiz Gonzaga Scudeler, C.Ss.R., e Pe. Orlando Gambi, C.Ss.R. (capítulos 3º, 5º e 8º); revisão de Fl. Castro.

Título original: *Il mistero pasquale – riflessioni di padre Raniero Cantalamessa*
© Editrice Àncora Milano, 1992
ISBN 88-7610-213-2

**Dados Internacionais de Catalogação na Publicação (CIP)
(Câmara Brasileira do Livro, SP, Brasil)**

Cantalamessa, Raniero
O Mistério da Páscoa / Raniero Cantalamessa; tradução: Pe. Luiz Gonzaga Scudeler e Pe. Orlando Gambi. – Aparecida, SP: Editora Santuário, 1993. (Espiritualidade, 2)

ISBN 85-7200-167-0

1. O Mistério da Páscoa I. Título. II. Série.

93-3463   CDD-232

Índices para catálogo sistemático:
O Mistério da Páscoa: teologia dogmática cristã 232

11ª impressão

Todos os direitos em língua portuguesa
reservados à **EDITORA SANTUÁRIO** – 2024

Rua Pe. Claro Monteiro, 342 – 12570-045 – Aparecida-SP
Tel.: 12 3104-2000 – Televendas: 0800 - 0 16 00 04
www.editorasantuario.com.br
vendas@editorasantuario.com.br

O MISTÉRIO DA PÁSCOA

1
"QUAL O SIGNIFICADO DESTE RITO"

O mistério pascal na Bíblia e nos Santos Padres

Apenas nasce em Israel uma festa de Páscoa, nasce também a pergunta sobre o seu significado: *Que significa este rito?* (Êx 12,26). Repetida no início da ceia pascal hebraica, essa pergunta acompanhará a história da festa, exibindo sempre que dela se tenha uma compreensão mais profunda. Ela equivale à outra pergunta que se encontra também nas fontes cristãs: "Que recordamos nesta noite?", ou também: "Por que fazemos vigília nesta noite?" (Santo Agostinho, *Ser. Guelf.* 5,2; SCh 116, p. 212). É uma pergunta importante, porque permite descobrir qual é o evento salvífico que está na origem da Páscoa; em outras palavras, do que ela é "memorial". Também para nós cristãos, que nos preparamos cada ano para celebrar a nossa Páscoa, tal pergunta pode ser um instrumento precioso para chegar a uma compreensão sempre mais profunda do mistério pascal e, sobretudo, para fazer nossa a compreensão que outros, antes de nós, tiveram dele.

1. As duas faces da Páscoa

À pergunta: "Que significa este rito?", no Antigo Testamento, são dadas *duas respostas* diversas, embora complementares. Segundo a explicação mais antiga, a festa da Páscoa recorda, em primeiro lugar, "a passagem de Deus"; o nome mesmo de Páscoa deriva de um verbo que indica a ação de Deus que "passa sobre", no sentido de que "salta", ou "resguarda", ou "protege" as casas dos hebreus, enquanto golpeia as dos seus inimigos: *E quando os vossos filhos vos perguntarem: Que significa este rito?, respondereis: É o sacrifício da Páscoa (pesah) em honra do Senhor que, ferindo os egípcios, poupou (pâsâhti) as casas dos filhos de Israel no Egito e poupou as nossas famílias* (Êx 12,26-27).

O conteúdo ou o evento que a Páscoa comemora é, pois, a passagem salvífica de Deus: Páscoa, porque Deus passou! Essa é uma explicação da Páscoa que pode ser definida *teológica ou teocêntrica*, porquanto nela o protagonista é Deus; o aceno está todo na iniciativa divina, isto é, na causa, mais que no efeito, da salvação.

No Deuteronômio e em outras partes mais recentes do próprio Êxodo, a atenção se desloca do momento da imolação do cordeiro para o da saída do Egito, que é vista como a passagem da escravidão para a liberdade (cf. Dt 16 e Êx 13-15). Com a mudança do evento central, muda também o protagonista ou o sujeito da Páscoa: não é mais Deus que passa e salva, mas o homem ou o povo que passa e é salvo. Essa é, pois, uma interpretação da Páscoa que se pode definir *antropológica ou antropocêntrica*. Eu dizia que se trata de duas respostas complementares, não exclusivas; é visto na dependência de Deus; o Êxodo é para aliança do Sinai! Trata-se, por isso, de uma liberação religiosa, não política, ao menos de modo principal: o povo torna-se livre para servir a Deus, como tantas vezes repetem as fontes bíblicas: "deixa ir *livre* o meu povo para que me *sirva*" (Êx 4,23; 5,1).

Essa dupla interpretação – a teológica e a antropológica – mantém-se ao longo de todo o Antigo Testamento. No tempo de Jesus, encontramos essa situação diversificada. No *judaísmo oficial palestinense*, à sombra do templo e do sacerdócio hebraico, predomina a interpretação teológica: A Páscoa comemora antes de tudo a passagem de Deus. Há um texto muito belo, em que a história da salvação é sintetizada nos quatro eventos fundamentais que são: criação, sacrifício de Isaac, Páscoa e escatologia ("as quatro noites"); neste texto, a Páscoa é descrita como a "noite em que Deus se manifestou contra os egípcios e protegeu os primogênitos de Israel" (*Targum do Êxodo* 12,42; cf. também *Pesachim* X, 5). Nesse ambiente – que foi o de Jesus – a Páscoa apresenta um aspecto fortemente ritual e sacrificial; quer dizer, consiste numa liturgia concreta, cujos momentos essenciais são a imolação do cordeiro no templo, na tarde do 14 de Nisan, e a sua consumação em família na noite seguinte, no decorrer da ceia pascal. *No judaísmo helenístico ou da diáspora*, predomina, ao invés, a outra explicação, a antropológica. Aqui, o evento histórico central comemorado pela Páscoa é a passagem do povo pelo Mar Vermelho; mas também esse é posto em segundo plano, em face do *significado alegórico do evento* que é "a passagem do homem da escravidão à liberdade, dos vícios à virtude". Escreve o mais conhecido representante dessa tendência: "A festa da Páscoa é uma recordação e uma ação de graças pela grande emigração do Egito. Mas, para aqueles que estão acostumados a transformar as coisas narradas em alegoria, a festa da Passagem significa a purificação da alma". "Propriamente falando, a Páscoa significa a passagem de toda paixão para o que é inteligível e divino" (Fílon de Alexandria, *Spec. leg.II, 145. 147* e *De congres. 106*). Migração, Êxodo, passagem, saída: são imagens de grande ressonância espiritual, especialmente se vistas em contrastes com a mentalidade bíblica que vê na emigração de Abraão e na emigração em geral o modelo plástico da fé e do destino de Israel ("Meu pai era um arameu *errante...*") e que se prolongará, no Novo Testamento, no ideal de vida como "peregrinos e forasteiros" (1Pd 2,11; Hb 11,13).

Se a páscoa é essencialmente a passagem dos vícios para a virtude, evidentemente ela não terá por sujeito Deus, mas o homem, e não se celebrará tanto com uma liturgia e com ritos externos (se bem que estes não sejam renegados), mas principalmente com um esforço contínuo e interior para o bem. O cordeiro pascal a ser oferecido a Deus é o próprio progresso espiritual, dirá ainda Fílon, referindo-se ao significado etimológico do termo grego usado para designar a vítima pascal (*probaton*, cordeiro, cabrito, vem de *probaino* que significa vou adiante, progrido).

Assim, vemos delinear-se duas concepções pascais em tensão entre si, que sobreviverão também no cristianismo, moldando com a sua dialética toda a espiritualidade pascal até os nossos dias.

Passamos, pois, da Páscoa judaica à Páscoa cristã. Mas antes de tudo uma pergunta: quando começa a existir uma festa cristã de Páscoa? A primitiva comunidade cristã, depois da morte e ressurreição de Jesus, embora continuando por certo tempo a "*subir ao templo*" e a celebrar a Páscoa com outros judeus, começou em certo momento a pensar e a viver essa festa anual, não mais como recordação dos fatos do Êxodo e com espera da *vinda* do Messias, mas principalmente como recordação daquilo que alguns anos antes tinha acontecido em Jerusalém durante uma Páscoa, e como *espera da volta* de Cristo. A separação interior precedeu a separação ritual, e a festa cristã da Páscoa foi celebrada "em espírito e verdade", no íntimo do coração dos discípulos antes mesmo que com um rito e uma festa própria. Essa, porém, não devia tardar a se impor, uma vez consumada neles a transformação interior do conteúdo da Páscoa. E, talvez, quando São Paulo, em 1Cor 5,7, exorta a "celebrar a festa", já se refere à festa cristã da Páscoa. Foi assim que o retorno anual da Páscoa terminou por ser celebrado também pelos discípulos com uma festa própria, sempre mais consciente da sua novidade.

Como se chegou a uma transposição tão rápida e nítida da instituição pascal do Antigo para o Novo Testamento, de Israel à Igreja? O ponto de encontro foi, aparentemente, um dado puramente *cronológico*: Cristo fora morto (e ressuscitou) em Jerusalém, por ocasião de uma Páscoa hebraica; para o evangelista São João, aliás, foi até na mesma hora da imolação dos cordeiros pascais no templo. Esse dado cronológico, por si só, não teria certamente bastado para operar a grande transformação da Páscoa, se dentro dele não tivesse atuado outro dado mais forte: *o tipológico*. Aquele evento – a imolação de Cristo – fora visto como a realização de todas as figuras e de todas as esperanças contidas na antiga Páscoa. Melitão de Sardes exprime essa convicção com uma linguagem que, intencionalmente, segue a linguagem de João ao falar da encarnação, como a dizer que o mistério pascal não é senão o extremo limite e a conclusão coerente de um processo iniciado com a encarnação.

> "A lei torna-se Verbo,
> o velho torna-se novo,
> o tipo torna-se realidade,
> o cordeiro torna-se o Filho."
> (*Sobre a Páscoa* 7; SCh. 123, p. 62)

À luz desse evento, os autores do Novo Testamento reinterpretarão todos os fatos da vida de Jesus, vendo neles a definitiva realização da Páscoa antiga.

A Igreja herdou, pois, de Israel a sua festa de Páscoa; esta, porém, na passagem de Israel para a Igreja, mudou de conteúdo; tornou-se memorial de outro fato. Coloca-se, por isso, de novo para ela antiga interrogação: *Que significa este rito?*

2. A Páscoa-paixão

Também no seio do cristianismo surgem *duas respostas* complementares que constituem *as duas principais tradições pascais* da Igreja antiga. No início, até o III século, do ponto de vista dos conteúdos teológicos (não da práxis litúrgica!), existe uma tradição pascal fundamentalmente unitária; é a tradição que, devido ao lugar de origem e de maior florescimento, a Ásia Menor, é chamada "asiática!". Trata-se de *uma Páscoa cristológica, pelo conteúdo histórico-comemorativo e escatológico*, isto é, de uma Páscoa que tem por protagonista não o homem nem mais o Deus do Antigo Testamento, mas sim Jesus Cristo. De

Cristo comemora – e por isso é chamada "comemorativa" – todo "o mistério novo e antigo: novo na realidade, antigo na prefiguração!" (Melitão). Em outras palavras, a Páscoa comemora toda a história da salvação, que tem como ponto culminante Jesus Cristo, e se prolonga na espera do seu retorno final, pelo que diz também "escatológica". Num contexto semelhante, chega-se à afirmação audaz: "A Páscoa é Cristo" (Justino e Melitão).

De Cristo, porém, a Páscoa comemora sobretudo "a grande imolação" (Apolinário de Gerápolis), isto é, a sua paixão, a ponto de a própria palavra "Páscoa" ter derivado do verbo que, em grego, significa sofrer: "Que é a Páscoa?", pergunta Melitão de Sardes, e responde: "O nome deriva do evento: celebrar a Páscoa (*paschein*) vem, de fato, do haver sofrido (*pathein*)" (*Sobre a Páscoa*, 46; SCh 123, p. 84). Por muito tempo, esta ingênua explicação etimológica (ingênua porque faz derivar uma palavra hebraica de uma palavra grega!) influenciará a teologia pascal da maior parte dos autores cristãos.

A concepção pascal apenas descrita, teologicamente unitária, por motivos e em data não bem esclarecidos, foi posta em prática, no plano ritual, em duas práxis litúrgicas diversas, dando lugar àquela "controvérsia não pequena" que agitou a Igreja no II século, no tempo do Papa Vítor, levando-a à beira do primeiro grande cisma. As Igrejas da Ásia Menor, de fato, referindo-se mais diretamente à Páscoa hebraica e ao ensinamento de São João (que tinha mostrado na imolação de Jesus na cruz o evento pascal por excelência), celebravam a Páscoa no dia 14 de Nisan, em qualquer dia que caísse da semana (daí o nome dado a eles de "Quartodecimanos". "Seguidores do décimo quarto dia de Nisan"). O resto da cristandade, ao invés, com Roma à frente, celebrava a Páscoa no domingo seguinte ao 14 de Nisan, isto é, num dia fixo da semana, antes que do mês. Naturalmente, o fato de escolher como data da festa o aniversário da morte ou, ao contrário, o da ressurreição trazia consigo também uma diversa acentuação de um e de outro evento. Todavia, as fontes demonstram claramente que, nesse período, no qual se celebrava no domingo a festa da Páscoa, também ali em primeiro lugar se comemorava a paixão de Cristo. Em Tertuliano, por exemplo, o termo *Pascha* designa habitualmente a sexta-feira santa, ou o espaço que vai da quinta-feira santa à noite do sábado; com a vigília entre o sábado e o domingo, termina a *Páscoa* e começa o *laetissimum spatium* de *Pentecostes*. Essa preferência pela recordação da paixão não causa admiração se pensamos que a Igreja, nessa época de perseguição, vive também ela a sua paixão e sente, por isso, particularmente próximo da sua experiência histórica esse momento da vida do seu Mestre. De uma Páscoa celebrada durante o turbilhão da perseguição de Décio, temos este comovente testemunho de um bispo: "exilaram-nos e, sozinhos entre todos, fomos perseguidos e levados à morte. Mas agora também celebramos a festa (de Páscoa). Qualquer lugar onde *sofríamos* tornava-se para nós um lugar para celebrar a festa: fosse um campo, um deserto, uma nave, uma hospedaria, uma prisão. Os mártires perfeitos celebram a mais esplêndida das festas pascais, sendo admitidos ao festim celeste" (Dionísio Alexandrino, em Eusébio, *Historia eccl.* VII, 22,4).

A recordação da paixão não deixa de estar, portanto, presente aos que celebram a Páscoa no domingo. Do mesmo modo, aqueles que celebravam a festa no 14 Nisan, no aniversário da paixão de Jesus, nem por isso se descuidavam da ressurreição. Viam de fato a morte de Jesus à maneira de João, isto é, como "glorificação", como morte gloriosa que contém e antecipa a ressurreição. Ao próprio vocábulo "paixão", nessa era de martírio, está intimamente associada à ideia de vitória e de glória; e, portanto, de ressurreição. O mártir é admitido ao festim celeste, dizia acima São Dionísio, isto é, faz aqui a sua sexta-feira santa e celebra no céu o seu domingo de ressurreição.

No centro da Páscoa, nessa época antiquíssima, está, pois, a morte de Cristo, mas não a morte em si mesma, como fato horrível, mas enquanto foi a "morte da morte", o "aniquilamento da morte na vitória" (cf. 1Cor 15,54). A morte de Cristo é vista na sua irrompente "vitalidade" e na sua força de salvação de tal modo que – como dizia Santo Inácio de Antioquia – "a sua paixão foi a nossa ressurreição" (*Smir.* 5,3). Isso porque Jesus além de homem era também Deus e, "graças ao seu Espírito que não podia morrer, matou a morte que matava o homem" (Melitão, *Sobre a Páscoa*, 66).

Considerado, pois, a partir da sexta-feira santa (como fazem os quartodecimanos), ou considerado a partir do domingo (como fazem todos os outros), o mistério pascal muda de perspectiva e de clima espiritual, não porém de conteúdo teológico.

3. A Páscoa-passagem

No plano teológico, *a segunda grande tradição pascal* nasce em Alexandria no início do III século, com

Clemente e Orígenes, que retomam, cristianizando-a, aquela concepção moral e espiritual – que tem por centro o homem como sujeito protagonista da Páscoa – que florescera no judaísmo helenístico. Neste novo quadro, toda vida do cristão e da Igreja é vista como um Êxodo, como um caminhar contínuo que começa com a vinda para a fé e termina com a saída deste mundo. A Páscoa verdadeira está na frente e não atrás, é a Páscoa celeste que celebrará, sem símbolos nem figuras, na pátria feliz (cf. Orígenes, *In Ioh*. X, 111; GCS 4, p. 189).

Se a Páscoa é antes de tudo uma passagem do homem, claro está que seu peso maior não residirá no passado, mas no presente da Igreja, no qual essa passagem se realiza. Os eventos salvíficos não são renegados, ao contrário, a sua importância, porém, atenua-se, enquanto todos os eventos históricos, também os que dizem respeito a Cristo, adquirem um significado simbólico: A Páscoa de Cristo, em referência à Páscoa celeste, é também ela – como diz São Gregório Nazianzeno – uma figura, embora mais clara do que a da lei (*Or.* XLV, 23; PG 36,654). Sinal dessa *desistorização* da festa é a insistência na ideia de uma "Páscoa contínua", em detrimento da Páscoa anual, que faz um chamado muito mais explícito ao evento histórico comemorado.

O princípio que inspira essa tradição é que "os fatos históricos não podem ser figuras de outros fatos históricos, nem os fatos materiais podem ser figuras de outros fatos materiais, mas antes de fato espirituais" (Orígenes, *In Ioh*. X, 110; GCS 4, p. 189), isto é, os fatos históricos do Êxodo e aqueles relativos à morte-ressurreição de Jesus não encontram agora a sua atuação principal nos ritos litúrgicos ou nas festas externas, mas sim em decisões e fatos interiores e espirituais; por exemplo, o comer a carne do cordeiro remete-nos ao nutrir-nos espiritualmente de Cristo e da sua palavra.

4. A síntese agostiniana: a Páscoa, passagem através da paixão

Essas duas principais tradições pascais floresceram na origem da Igreja. À pergunta: Que significa este rito?, a primeira respondia: *A paixão de Cristo!*; a segunda respondia: *A passagem do homem!* Estamos, como se vê, no prolongamento daquelas duas concepções presentes já no Antigo Testamento: uma Páscoa teológica (mais exatamente agora: cristológica), baseada na imolação, e uma Páscoa antropológica, baseada na ideia de passagem. As duas visões apontam os dois protagonistas e os dois polos da salvação: a iniciativa de Deus e a resposta do homem, graça e liberdade. Para alguns, a Páscoa é antes de tudo um dom de Deus; para outros, é antes de tudo (não exclusivamente!) uma conquista do homem.

Os autores posteriores, até o IV século, não fazem senão repetir, desenvolvendo-as, uma ou outra das duas explicações ou aproximando-as uma da outra de modo híbrido, isto é, sem alcançar uma verdadeira síntese teológica que conduza as duas perspectivas a uma unidade de fundo.

Esta será precisamente a obra de Santo Agostinho. A ocasião para uma revisão da teologia pascal deu-se entre os latinos, por volta do fim do IV século. Nesse momento e nesse ambiente, as diversas tradições pascais que vinham sendo desenvolvidas na Igreja, ignorando-se mutuamente, foram finalmente postas em contato entre si, provocando uma crise salutar. Diferentemente da controvérsia pascal do II século, que dizia respeito à data e não ao significado da Páscoa, esta leva em conta o significado e não a data, ou outros elementos litúrgicos; permanece, por isso, uma controvérsia restrita ao âmbito dos teólogos, que não deixa uma grande marca na história da Igreja, embora seja teologicamente mais relevante que a primeira.

Aconteceu assim. Os latinos, que tinham tomado emprestado da Ásia Menor a sua primeira teologia pascal, continuavam explicar a Páscoa como "paixão". A sua Páscoa era do tipo que descrevi como cristológica e histórico-comemorativa, porque toda centrada em Jesus Cristo. Escreve um representante dessa corrente: "Está escrito: *É a Páscoa do Senhor* (Êx 12,11); não está escrito: 'do povo', o nome Páscoa, de fato, deriva da paixão; foi dito por isso 'Páscoa do Senhor', porque não foi o povo, mas o Senhor que na Páscoa foi imolado em figura no cordeiro" (Gregório Illiberitano, *Tract. Script.* IX, 9; CCL 69, p. 72).

Essa antiga explicação da Páscoa estava muito enraizada no povo e nos pastores e jamais será totalmente suplantada. (Um vestígio dela permaneceu no prefácio pascal da liturgia latina e ambrosiana, no qual a Páscoa é definida "o dia em que Cristo foi imolado".) Ela, porém, foi posta em crise a partir de uma nova interpretação que explicava a Páscoa como passagem. Ao introduzi-la foi Ambrósio que, conhecendo o grego, pôde pela primeira vez fazer chegar ao Ocidente as ideias de Fílon e de Orígenes, nas quais a Páscoa indicava exatamente a passagem do homem do vício para a virtude, da culpa para a graça (cf. Ambrósio, *De sacr.* I, 4, 12; PL 16, 421; *De Cain et Abel*, I, 8, 31; PL 14, 332).

Como se isso não bastasse, a esta primeira inovação acrescentou-se aquela de Jerônimo que, traduzindo a Bíblia dos textos originais, descobriu e revelou aos latinos que Páscoa significa, sim, passagem, mas passagem de Deus, não passagem do homem: "Páscoa, que em hebraico soa *phase*, escreve, não deriva este nome de paixão, como muitos pensam, mas de passagem... no sentido que o próprio Senhor "passou por cima", vindo em socorro do seu povo" (*In Mattheum*, IV, 26, 2; CCL 77, p. 245).

A reação a essa "reforma pascal" foi muito forte. Fez-se porta-voz dela, entre outros, o Ambrosiáster que viveu em Roma no tempo do Papa Dâmaso. "Páscoa, escreve, significa imolação e não passagem, como alguns vêm dizendo; antes, na verdade, vem a figura do Salvador e depois o sinal da salvação" (*In ep. ad Cor* 5,7; CSEL 81, 2, p. 56). Como que a dizer que a Páscoa deve comemorar antes de tudo *a causa da salvação*, que é imolação de Cristo, e não o seu *efeito* que é a passagem do homem.

Há uma dificuldade de fundo que impede esses autores de alcançar uma unanimidade em torno do significado da Páscoa; tal dificuldade, não ainda percebida, consiste na diferença existente entre o *nome* e o *conteúdo* da Páscoa. Aqueles que interpretavam a Páscoa como *passagem* explicavam o nome da Páscoa e a continuidade com a Páscoa do Antigo Testamento, mas não se davam bem conta, igualmente, do conteúdo mistérico e da novidade da Páscoa Cristã. Ao contrário, aqueles que explicavam a Páscoa como *paixão* davam-se conta do conteúdo novo da Páscoa cristã (a paixão e a ressurreição de Cristo), mas não conseguiam justificar o nome da Páscoa e a sua relação com a instituição antiga: por que chamar a paixão de Cristo "Páscoa", se Páscoa significa passagem?

Nesse ponto morto estava a teologia pascal quando, na plenitude da sua maturidade, Agostinho afrontou também ele o problema do significado da Páscoa cristã. Ele resolveu o contraste entre as duas explicações que pareciam insolúveis. Fê-lo lendo melhor um texto de São João; mas ouçamos isto de sua viva voz: "O santo evangelista explicando, por assim dizer, a nós este nome da Páscoa, que traduzido para o latim significa 'passagem', disse: *No dia antes da 'Páscoa', Jesus sabendo que havia chegado a hora de 'passar' deste mundo ao Pai...* Eis a passagem! Do quê e para quê? Deste mundo, para o Pai" (*In Ioh.* 55,1; CCL 36, p. 464).

A partir desse texto é finalmente alcançado o equilíbrio e a síntese entre paixão e passagem, entre Páscoa de Deus e Páscoa do homem, entre paixão e ressurreição de Cristo, entre Páscoa litúrgica e sacramental, e Páscoa moral e ascética. Agostinho se baseia num fato que até então passara despercebido aos autores que se tinham ocupado da Páscoa: o próprio Novo Testamento contém uma explicação do nome da Páscoa. João, aproximando um do outro os dois termos, "Páscoa" e "passar" (*metabaino*), pretendeu de fato dar uma interpretação e um conteúdo cristão à Páscoa! Não poucos exegetas estão inclinados, ainda hoje, a pensar que Agostinho tenha encontrado a solução exata. De qualquer modo, o certo é que depois de Agostinho, por toda a Idade

Média, esta será a definição preferida da Páscoa cristã: "Passagem de Jesus deste mundo ao Pai".

Mas vejamos de que modo, nessa definição, realizaram-se as sínteses lembradas acima. A passagem de Jesus deste mundo ao Pai abrange, em uma unidade estreitíssima, *paixão e ressurreição*: foi através da sua paixão que Jesus chegou à glória da ressurreição. Essa é a quintessência da teologia de João (cf. por ex. Jo 12,20-36) e de todo o Novo Testamento. "Através da paixão, escreve Agostinho, o Senhor passou da morte para a vida" (*Enarr. Ps.* 120, 6; CCL 40, p. 1791). Paixão e passagem já não são, pois, duas explicações contrapostas, mas conjugadas entre si; a Páscoa cristã é um *transitus per passionem*: uma passagem pela paixão. Vêm logo em mente as palavras de Jesus aos discípulos de Emaús: *Não era preciso que o Cristo suportasse esses sofrimentos para entrar na sua glória?* (Lc 24,26) *e as palavras de Paulo: É necessário passar muitas tribulações para entrar no Reino de Deus* (At 14,22). "Paixão e ressurreição do Senhor: eis a verdadeira Páscoa", pôde escrever então Agostinho (*De cat. rud.* 23,41; PL 40, 340), levando assim, o termo o processo de cristianização da Páscoa antiga e fazendo-a abraçar finalmente, a pleno título, tanto a paixão como a ressurreição de Cristo. Até essa época, de fato, ninguém tinha explicado abertamente o termo *transitus*, em referência à ressurreição de Cristo.

Mas a síntese mais importante é outra: aquela entre *Páscoa de Deus e Páscoa do homem*. Como se realiza tal síntese na nova definição da Páscoa? Aqui a teologia pascal atinge a profundidade da pessoa mesma de Cristo e se une com o mistério da encarnação. Em Jesus os dois protagonistas da Páscoa, Deus e o homem, deixam de ser alternativos ou justapostos e tornam-se um só, porque em Cristo humanidade e divindade são uma mesma pessoa! Autor e destinatário da salvação encontraram-se; graça e liberdade abraçaram-se. Nasceu a "nova e eterna Aliança"; eterna, porque agora ninguém poderá mais separar os dois contraentes, tornados em Cristo uma só pessoa.

Resta, porém, uma dúvida a dissipar: então, é apenas Jesus que faz a Páscoa? É apenas ele que passa deste mundo ao Pai? E nós? Eis a outra estupenda síntese agostiniana, aquela entre a Páscoa da Cabeça e a Páscoa do corpo: "Na cabeça, prossegue o texto citado na supra, uma esperança foi dada aos membros de seguir com certeza a ele que passou" (*In Ioh*. 55,1). Uma esperança só? Mais: uma realidade, mesmo se no momento é uma realidade apenas incoativa que se realiza na fé e nos sacramentos. "A partir do momento, de fato, em que, como diz o Apóstolo, *Ele morreu pelos nossos pecados e ressuscitou pela nossa justificação*, na paixão e ressurreição do Senhor é consagrada a nossa passagem da morte para a vida" (*Ep*. 55,1,2; CSEL 34, 2, p. 170). A de Jesus não é uma passagem solitária, mas uma passagem coletiva, de toda humanidade ao Pai. Comentando o versículo do Salmo que dizia: *Singularis ego sum donec transeam* (Sl 140 [141], 10), "Eu sou *só* até que não tenha *passado*", Agostinho diz que isso é a voz de Cristo que fala antes da sua Páscoa, como se dissesse: "Depois da Páscoa não estarei mais só. Muitos me seguirão, muitos me imitarão. Que significa isto? *"Em verdade, em verdade vos digo: se o grão de trigo não cai em terra e não morre, fica só, mas se morre produz muito fruto*" (*Enarr. Ps.* 140,25; CCL40, p. 2044). Na Páscoa nasceu a Igreja, corpo místico de Cristo, como espiga crescida no túmulo de Cristo!

Todos, portanto, já passamos com Cristo para o Pai e "a nossa vida já está escondida com Cristo em Deus" (cf. CI 3,3), todavia todos devemos ainda passar. Passamos "em esperança" e "em sacramento", na esperança e pelo batismo, mas devemos passar na realidade da vida cotidiana, imitando a sua vida e sobretudo o seu amor: "Presentemente, nós realizamos esta passagem por meio da fé que nos obtém o perdão dos pecados e a esperança da vida eterna se, porém, amamos Deus e o próximo" (*Ep.* 55,2,3; CSEL 34, 2, p. 171).

Passar de fato é preciso, diz Agostinho. E se não passamos para Deus que permanece, passaremos com o mundo que passa. Mas quão melhor é passar "do mundo", antes que passar "junto com o mundo"; passar para o Pai, antes que para o inimigo (cf. *In Ioh.* 55,1; CCL 36, p. 464). Páscoa é passar para aquilo que não passa!

Que Deus, pelos méritos de Jesus Cristo nossa Cabeça, conceda-nos completar de verdade essa "santa passagem", no fim da qual veremos o seu vulto e nos saciaremos da sua presença para sempre! Amém.

2

"MORREU PELOS NOSSOS PECADOS"

O mistério pascal na história (I)

Na precedente meditação, procurei traçar uma visão de conjunto do desenvolvimento da ideia pascal desde o Antigo Testamento até os Padres da Igreja. Dessa rápida consideração emergiu que um evento terminou por se impor entre todos como o evento pascal por excelência: aquele que João define como "a passagem de Jesus deste mundo ao Pai". Ele é o coração da Páscoa, o ponto ideal no qual cessa a Páscoa antiga e nasce a Páscoa nova, cessa a figura e nasce a realidade. Tal evento é o que chamamos propriamente "Páscoa de Cristo", onde "Cristo" tem valor de sujeito, não de objeto, e está indicando a Páscoa vivida historicamente e em primeira pessoa por Jesus mesmo, durante a sua existência terrena.

João resume esse núcleo pascal da vida de Jesus chamando-o de passagem deste mundo para o Pai.

Essa, porém, não é uma afirmação isolada no Novo Testamento, mas é uma das tantas formulações sintéticas do assim chamado "mistério pascal", do qual agora queremos nos ocupar.

A formulação mais conhecida do mistério pascal é aquela que lemos em 1Cor 15,3-4, que remonta a não mais que cinco ou seis anos depois da morte de Cristo, já que São Paulo a "transmite" na forma como ele mesmo aprendeu oralmente, pouco depois da sua conversão. Integrada convenientemente com Rm 4,25, ela soa assim: "Cristo morreu pelos nossos pecados e ressuscitou pela nossa justificação". A estrutura desse credo pascal primitivo é ainda mais interessante: aí se distinguem nitidamente dois planos: a) o plano da história ou do simples fato: "morreu", "ressuscitou"; b) o plano da fé ou do significado dos fatos: "pelos nossos pecados", "pela nossa justificação". Podemos dizer: o plano do "em si" e o plano do "por nós". Para o Apóstolo, um e outro desses dois planos são indispensáveis para a salvação, não só aquele da fé (o "por mim"), mas aquele da história. Diz, de fato, que se Cristo não tivesse realmente ressuscitado, a nossa fé seria "vã", isto é, vazia (cf. 1Cor 15,14), exatamente porque é fé em um evento histórico ou em uma intervenção de Deus na história, e, portanto, o evento histórico é o seu conteúdo.

De resto, também o plano do mistério, ou do "por nós", enraíza-se na história e não é apenas fruto da leitura de fé feita pela comunidade pós-pascal. Jesus, de fato, já durante a sua vida terrena, especialmente na instituição da Eucaristia, tinha mostrado estar consciente de morrer "pelos pecados de muitos". E essa sua consciência de algum modo faz parte da história, como sua consciência de ser Filho de Deus, ainda que o modo em que ela se expressa possa ser atribuído à fé da comunidade pós-pascal. A opinião contrária, que nega a Jesus qualquer consciência do significado salvífico e expiatório da sua morte, é uma aberração da escola crítica (Reimarus), que só uma leitura radicalmente secularizada da Escritura poderia induzir a acolher. Ela destrói a alma mesma do mistério pascal, que é o amor de Jesus pelos seus, amor que o impele a dar a vida por eles. O Evangelho deixa de parecer o que é verdadeiramente, isto é, o Evangelho do amor de Deus em Cristo, dado que se faz de Jesus uma pura objetivação, uma expressão por assim dizer ignorante e inconsciente do amor de Deus, e não a suprema subjetivação e personificação do amor do Pai. Isso é tão verdadeiro que João, ao formular o mistério pascal, antes de dizer que Jesus morreu "pelos nossos pecados", diz que morreu "por amor": "Depois de ter amado os seus que estavam no mundo, *amou-os até o fim*" (Jo 13,1); e ainda: *Ninguém tem um amor maior do que este: dar a vida pelos próprios amigos* (Jo 15,13). Os dois aspectos, aliás, dar a vida pelos pecados e dar a vida por amor, são a mesma coisa: "Amou-nos e (por isto) deu-se a si mesmo por nós" (cf. Gl 2,20; Ef 5,2), pelos nossos pecados.

Dizia que a opinião contrária é fruto de uma leitura radicalmente secularizada da Escritura; parte, de fato, do pressuposto que aquilo que aconteceu realmente na história não se pode conhecer a não ser através do exame crítico, e não através da revelação. Aquilo que não foi transmitido por uma cadeia ininterrupta de testemunhos escritos ou aquilo que excede as opiniões correntes no tempo de Jesus em torno do Messias são tidos como não históricos. Assim se chega ao absurdo de negar ao homem Jesus aquilo que se observa normalmente na vida dos santos, isto é, que Deus tenha podido revelar-lhe, com iluminações diretas, o sentido da sua vida e das suas opções. Como se o Espírito Santo não contasse nada também para a verdade histórica da Escritura, como se Paulo não dissesse um absurdo quando afirma com força conhecer "o pensamento de Cristo" (1Cor 2,16), ou como se o Espírito, que revelava ao Apóstolo o pensamento do Cristo ressuscitado, não pudesse revelar-lhe também o pensamento de Jesus antes da ressurreição! Se é verdade que "ninguém conhece os segredos do homem, senão o espírito do homem que está nele" (cf. 1Cor 2,11), é verdade igualmente que ninguém conhece os segredos de Cristo senão o Espírito de Cristo que estava nele e que inspirou depois as Escrituras. Paulo poderia repetir aos exegetas, que querem hoje nos impor "outro evangelho", privado do amor de Jesus e da compaixão pelos nossos pecados, aquilo que disse aos gálatas: *Se alguém lhes prega um Evangelho diverso daquele que receberam, seja anátema!* (Gl 1,9).

A fé pascal dos cristãos exige, pois, que se creia conjuntamente nestas três coisas: primeiro, que Jesus realmente morreu e ressurgiu; segundo, que morreu pelos nossos pecados e ressurgiu pela nossa justificação; terceiro, que ele morreu pelos nossos pecados, sabendo que morria pelos nossos pecados; que morreu por amor, nem forçado nem por acaso.

1. "Morto pelos nossos pecados"

Deste mistério pascal de morte e ressurreição quero aprofundar apenas o primeiro aspecto, o da morte: "morreu pelos nossos pecados", reservando para o próximo capítulo o tratado sobre a ressurreição.

Santo Agostinho escreveu: "Não é grande coisa crer que Cristo morreu. Isto o creem até os pagãos, os judeus e todos os ímpios. Todos creem que morreu! A fé dos cristãos é a ressurreição de Cristo. Isto sim, que é grande coisa: crer que ele ressuscitou" (*Enarr. Ps.* 120,6; CCL 40,

p. 1791). Mas com isso Agostinho não quer dizer que a ressurreição seja mais importante para nós que a morte, mas apenas que crer na ressurreição de Jesus é mais empenhativo e mais compreensivo (quem crê que ressuscitou, crê também que morreu!) e por isso mais característico do verdadeiro crente. Aliás, o mesmo santo doutor diz que das três coisas simbolizadas pelo tríduo pascal, crucifixão, sepultura, ressurreição, a mais importante para nós, porque nos diz respeito mais diretamente, é exatamente a simbolizada pela Sexta-feira Santa, isto é, a morte: "Nós realizamos na vida presente aquilo de que é símbolo a cruz, enquanto possuímos na fé e na esperança aquilo de que é símbolo a ressurreição" (*Ep.* 55, 14, 24; CSEL 34, 2, p. 195).

Da morte de Jesus não pretendo considerar tanto o aspecto físico, quanto o interior e espiritual: *a morte do coração*, que precede e dá significado à morte do corpo. Ela encontra seu momento culminante na agonia de Jesus no Getsêmani, quando Jesus disse: *A minha alma está triste até a morte* (Mc 14,34). A importância desse episódio da redenção é tal que o encontramos conservado, em formas diversas, em bem três ramos da tradição neotestamentária: nos Sinóticos, em João (Jo 12,27: *Agora a minha alma está perturbada...*) e na Epístola aos Hebreus (cf. Hb 5,7-8). O Getsêmani assinala o ponto mais baixo na "passagem de Jesus deste mundo para o Pai"; é "o grande abismo" de que fala o salmo (Sl 36,7). Meditando sobre ele, perde-se o sentido um pouco materialista da paixão do Senhor, como um conjunto de tormentos horripilantes, ou um drama escrito e conhecido antecipadamente "pelas Escrituras"), que Jesus desempenha quase sem se perturbar. Aproximando-nos desse mistério, é preciso retirar os nossos calçados dos pés, porque ele é santo; precisa humildade e contrição de coração. Ai de quem se aproxima como curioso, ou como mero estudioso: seríamos inexoravelmente rechaçados; acreditaríamos ter compreendido tudo e não teríamos compreendido nada.

Gostaria de esboçar uma interpretação desse evento Getsêmani, servindo-me sucessivamente de dois instrumentos: o fornecido pela teologia dogmática e o fornecido pela teologia mística.

A explicação teológica. A experiência do Getsêmani encontra seu ponto culminante e seu desenlace na frase de Jesus: *Contudo, não aquilo que eu quero, mas aquilo que tu queres* (Mc 14,36). O problema teológico consiste todo ele em saber quem é aquele "eu" e quem é aquele "tu", quem diz o *fiat* e a quem o diz.

Sabe-se que a tais perguntas, na antiguidade, foram dadas duas respostas um tanto diversas, conforme o tipo de cristologia subjacente. *Para a escola alexandrina*, o "eu" que fala é a pessoa do Verbo que, enquanto encarnado, diz o seu "sim" à vontade divina (o "tu"), que ele mesmo tem em comum com o Pai e com o Espírito Santo. Aquele diz "sim" e aquele ao qual se diz "sim" soa a mesma vontade, considerada em dois tempos ou em dois estados diferentes: no estado de Verbo encarnado e no estado de Verbo eterno (a vontade divina, de fato, é uma só e é comum a todas as três pessoas divinas). O drama (se de drama se pode falar) desenrola-se mais no seio de Deus que entre Deus e o homem, e isto porque não é ainda reconhecida claramente a existência, em Cristo, também de uma vontade humana livre. Isso explica por que os teólogos dessa escola mostrarão sempre certo embaraço ao se ocuparem desse aspecto da experiência de Jesus, como também de outros aspectos analógicos (ignorância do dia da parusia, tentações, crescimento em sabedoria etc.). Às vezes (como em Atanásio e em Hilário de Poitiers), a experiência mesma é esvaziada com o recurso à explicação "pedagógica", segundo a qual Jesus não teve verdadeiramente medo, não chorou de verdade nem ignorava de verdade o dia da parusia, mas quis mostra-se em tudo semelhante a nós, para instruir-nos e para nos edificar.

Mais válida sobre esse ponto é a *interpretação da escola antioquena*. Os autores dessa escola percebem uma correspondência entre aquilo que se acontece no jardim do Getsêmani e aquilo que aconteceu no jardim do Éden. Se o pecado, no início e ainda agora, consiste essencialmente num ato livre, com o qual a vontade do homem desobedece a Deus, então a redenção não poderá configurar-se senão como um retorno do homem à perfeita obediência e à submissão a Deus. Paulo o diz, de resto, claramente: *"Como pela desobediência de um só, muitos se tornaram pecadores, assim também, pela obediência de um só, muitos se tornarão justos"* (Rm 5,19). Mas, para que possa haver tal obediência perfeita, ocorre que haja um sujeito que obedece e um sujeito ao qual obedecer: ninguém obedece a si mesmo! Eis, então, quem é aquele "eu" e quem é aquele "tu" que ressoam na frase de Jesus: é o *homem Jesus* que obedece a Deus! É o Novo Adão que fala em nome de todos os homens e diz finalmente a Deus aquele "sim" livre e filial, pelo qual Deus criou no início o céu, a terra e os homens. Se a salvação está na obediência a Deus, compreende-se como seja o grande lugar que ocupa na redenção a humanidade de Cristo.

Ela não é apenas uma "natureza" inerte nem um simples sujeito passivo, ao qual atribuir todas as coisas "indignas de Deus" que existem na vida de Cristo; é, ao invés, um princípio ativo e livre, é um agente coessencial na obra da nossa salvação, é um "obediente"!

Mas essa interpretação tão sugestiva tinha também uma lacuna grave. Se o *fiat* de Jesus no Getsêmani é essencialmente o "sim" de um homem (*o homo assumptus*), mesmo se de um homem unido indissoluvelmente ao Filho de Deus, como pode ter um valor universal a ponto de poder "constituir justos" todos os homens? Jesus parece mais um modelo sublime de obediência do que uma "causa intrínseca de salvação" para todos aqueles que a ele obedecem (cf. Hb 5,9). É esse o limite, não só da cristologia antioquena, mas também de todas as cristologias modernas, para as quais os atos redentivos pertencem à "pessoa humana" de Jesus, e nas quais Jesus mesmo não é claramente reconhecido como Deus.

O desenvolvimento da cristologia preencheu essa lacuna, graças sobretudo à obra de São Máximo, Confessor, e do Concílio Constantinopolitano III. São Máximo perguntava-se: Quem é aquele "eu", e quem é aquele "tu" da oração de Jesus no Getsêmani? E respondeu de modo iluminante: não é a humanidade que fala à divindade (antioquenos); não é nem mesmo Deus que, enquanto encarnado, fala a si mesmo enquanto eterno (alexandrinos). O "eu" é o Verbo que fala, porém, em nome da vontade humana livre que assumiu; o "tu" é a vontade trinitária, que o Verbo tem em comum com o Pai. Em Jesus, o Verbo (Deus) obedece humanamente ao Pai! E todavia não se anula o conceito de obediência, nem Deus obedece a si mesmo, porque entre o sujeito e o término da obediência há toda a espessura de uma humanidade real e de uma vontade humana livre. Quem obedece e aquele a quem obedece não são nem a própria vontade nem a própria pessoa, porque quem obedece é a vontade humana do Verbo (ou o Verbo na sua vontade humana), e aquele a quem obedece é a vontade divina, comum à Trindade toda inteira. "Tornando para nós como nós, dizia de modo humano a Deus Pai: *Não se faça a minha, mas a tua vontade*, pois que ele, que é por natureza Deus, também como homem queria o cumprimento da vontade do Pai. Consequentemente, segundo ambas as naturezas, pelas quais, nas quais e das quais era constituída a sua pessoa, ele se revela como aquele que naturalmente quer e opera a nossa salvação; por um lado, junto com o Pai e com o Espírito Santo, ele concorda com nossa salvação; de outro, fazendo-se obediente ao Pai até a morte, e morte de cruz, mediante o mistério da encarnação, ele próprio realiza o grande plano de salvação para nós" (São Máximo, *In Matth.* 26,39; PG 91,68).

"Cristo não quis humanamente a encarnação, mas apenas divinamente, com o Pai e o Espírito Santo; do ponto de vista do consentimento humano, não houve na encarnação senão o consentimento da Virgem Maria. Mas, no Getsêmani, quando Jesus diz: *Pai, seja feita a tua vontade* (Mt 26,42), ele pronuncia o *fiat* da redenção; então aparece o livre consentimento da vontade humana de uma pessoa divina" (M.-J. Le Guillou). É aqui precisamente que, como dizíamos noutra oportunidade, graça e liberdade se osculam, e a Páscoa do homem se une com a Páscoa de Deus. Aquele que devia combater, isto é, o homem, encontrou-se com Aquele que podia vencer, isto é, Deus, e assim surgiu a vitória. Depois do pecado, de fato, essa era a situação do homem: "Segundo a justiça, o homem deveria assumir o débito e chegar à vitória, mas era servo daquele a quem deveria vencer na guerra; Deus, que podia vencer, não era devedor de nada a ninguém. Por isso, nem um nem outro iniciava a batalha, e o pecado vivia, e era impossível que surgisse para nós a vida verdadeira, uma vez que um *devia* vencer, mas só o outro *podia* vencer. Eis por que foi necessário que um e outro se unissem, e que num só estivessem ao mesmo tempo as duas naturezas: a daquele que devia combater e a daquele que podia vencer. E assim aconteceu. Enquanto Deus faz sua a luta em nome dos homens; enquanto homem vence como homem o pecado, mas sem qualquer pecado, porque é Deus" (N. Cabasilas, *Vita in Christo*, I, 5; PG 150, 313).

Deus obedeceu humanamente! Compreende-se então o poder universal de salvação contido no *fiat* de Jesus: é o ato humano de Deus; é um ato divino-humano, teândrico. Esse *fiat* é realmente, para usar a expressão de um salmo, "a rocha da nossa salvação"; a salvação de todos nós repousa sobre ele. Ninguém pode pôr um fundamento diverso desse (cf. 1Cor 3,11); quem toca nesse fundamento mina as bases mesmas da fé cristã, porque lhe tira seu caráter de absoluto e de universalidade.

Mas retornemos um instante à frase de Jesus: "Não o que eu quero, mas o que tu queres". Na passagem misteriosa daquele "eu" para este "tu" está contido o verdadeiro, definitivo e universal Êxodo pascal da humanidade. É essa a passagem do verdadeiro Mar Vermelho, uma passagem entre margens muitíssimo próximas, entre as quais, porém, existe um abismo; trata-se, de fato, do passar da vontade humana para a vontade divina, da rebelião para a obediência. Seguir Jesus nesse Êxodo significa passar o seu "eu" velho para o "eu" novo, do "eu" para os outros, deste mundo para o Pai.

A *explicação mística*. Dizia eu que, na passagem do "eu" para o "tu" da oração de Jesus, há um abismo. Para lançar um olhar nesse abismo já não basta o instrumento da análise teológica, é necessário o da experiência mística. Só esta pode fazer-nos intuir o que significou para o Salvador pronunciar o seu *fiat*, e por que diz o seu *fiat*. A explicação teológica colhe o aspecto objetivo ou ontológico da experiência de Jesus, não o subjetivo e existencial. Se o que Jesus viveu foi antes de tudo uma experiência (não uma coisa ou um raciocínio), compreende-se que será preciso passar, de algum modo, por essa mesma experiência para compreendê-la. Certas páginas da Bíblia, como a do Getsêmani ou das tentações de Jesus, continuam fechadas para nós enquanto não as vemos realizadas na vida dos santos e, portanto, na Igreja. Alguns estudiosos perguntam-se de que fonte pode ter derivado uma narrativa como a do Getsêmani, tão rica de particularidades psicológicas, e às vezes chegam a pôr em dúvida sua historicidade. E não sabem que o que se descreve é quase nada; são apenas sinais, como estacas postas em círculos sobre um terreno para advertir que ali existe um precipício. Nesse precipício, nesse abismo que foi a agonia espiritual de Jesus no Getsêmani, não chegamos a lançar o olhar se não a revivendo em nós mesmos ou ouvindo o que disseram aquelas almas místicas, às quais o Senhor concedeu revivê-la ao menos em parte.

A categoria mais útil para aproximar-nos da experiência do Getsêmani é talvez a da "noite escura do espírito", de que falou São João da Cruz. "Porque Jesus possui uma natureza e uma vontade humanas, possui também um centro humano subjetivo de atividade, que é aquele próprio da criatura que se põe em liberdade diante do Deus incompreensível. Isso permite a Jesus fazer as mesmas experiências que nós fazemos de Deus, e de modo ainda mais radical ou até mesmo mais atroz. E isso não apesar, mas exatamente em virtude da assim chamada união Hipostática" (K. Rahner). Os gestos de Jesus no Horto das Oliveiras são gestos de um homem sobressaltado pela angústia moral: "ajoelhou-se", "caiu por terra de bruços", "levantou-se para ir aos seus", "voltou para orar", "levantou-se de novo", "retornou para rezar". Mas uma coisa é certa: essa angústia não foi causada pela simples previsão dos tormentos iminentes. O cálice que o apavora é o cálice da ira divina, do qual foi dito que "deve ser bebido até a borra pelos pecadores" (Sl 75,9) ou, como nesse caso, por quem os representa. De Jerusalém castigada pelos seus pecados foi dito nos profetas que "bebeu da mão do Senhor o cálice da sua ira, a taça da vertigem" (Is 51,17). Esse cálice é, pois, sim a paixão, mas não em si mesma, mas enquanto castigo do pecado e fruto do pecado.

Sob esta luz, o tormento de Jesus mostra-se causado por dois fatos entre si independentes: a proximidade do pecado e a distância de Deus. Quando, no curso de uma purificação passiva, Deus permite a uma alma ver de frente seu próprio pecado, ela se apavora mortalmente; um sentimento misto de horror, de medo e de desespero apodera-se dela, tanto que gostaria de desaparecer e ser aniquilada para não vê-lo diante de si. Ora, Jesus sentiu o pecado como algo próximo a ele ou até "sobre ele"; e não um ou mais pecados, mas todo o pecado do mundo. Não fazia diferença nesse momento o fato de não ter cometido; eram seus, porque os assumira livremente: *Ele carregou os nossos pecados no seu corpo* (1Pd 2,24); *Deus o fez pecado por nós* (2Cor 5,21), tendo-se tornado "maldição por nós" (Gl 3,13). Tal proximidade do pecado provoca como consequência o *distanciamento* de Deus ou mais precisamente o afastar-se de Deus: o vê-lo ir-se embora, desaparecer e não mais responder. O grito: *Meu Deus, meu Deus, por que me abandonaste?* (Mt 27,46) (como aquele do salmo 22: *Tu estás distante da minha salvação*), Jesus o trazia no coração desde o Getsêmani. A atração infinita de amor que havia entre Pai e Filho agora é atravessada por uma repulsa igualmente infinita, porque Deus odeia infinitamente o pecado. Não existem parâmetros para descrever esta experiência. Se o simples contraste na atmosfera entre uma corrente de ar frio e uma corrente de ar quente é capaz de revolver o céu com trovões, relâmpagos e raios atemorizantes, que terá acontecido na alma de Jesus, em que a suprema santidade de Deus se chocou com a suprema malícia do pecado? Nele se realizou misteriosamente a palavra do salmo que diz: *Um abismo* (aquele da santidade) *chama outro abismo* (aquele do pecado) *ao fragor das tuas cascatas; todos os teus rios e as tuas ondas sobre mim passaram* (Sl 42,8); *os teus temores me aniquilaram* (Sl 88,17).

Maravilhamo-nos ainda depois disto com o grito que saiu dos lábios de Jesus: "A minha alma está triste até a morte"? Ou procuraremos explicações de ocasião para esse grito, como fizeram alguns no passado? A santidade de

Deus faz sentir o pecado por aquilo que é: como um perigo mortal, como um grito de revolta contra o Onipotente, o Santo, o Amor. Deus deve distanciar-se para que se compreenda o que é o pecado e se revele sua íntima natureza, através das suas consequências. Quando Deus desapareceu de todo na escuridão mais total do espírito, quando a criatura desceu "viva aos infernos", então ela compreende o que fez pecando. A alma é como que queimada e martirizada. Quando os santos descrevem esse tipo de experiência, causam arrepios; e a sua prova não é nem mesmo semelhante à de Jesus, que carregava os pecados de todos. Sobre essa prova escreve uma mística: "Para dar uma ideia destas minhas torturas e do desejo que tenho de livrar-me delas, digo que em seu lugar preferiria ter os males, as doenças e as dores que estão presentes em todos os corpos dos homens... preferiria suportar todo o gênero de martírios"(Beata Ângela de Foligno).

A Epístola aos Hebreus diz de Jesus: *Pelos sofrimentos suportados aprendeu a obediência* (Hb 5,8): frase profundíssima! Quer dizer que Jesus, pela sua experiência do Getsêmani (porque é a ela que o autor se refere no contexto), experimentou sobre si o que significa obedecer e o que significa desobedecer a Deus. Bebeu até a borra o cálice amargo do pecado. Eis por que eu disse no início que se esvazia completamente de significado o Mistério pascal e torna-se invólucro vazio se negamos que Jesus tinha consciência de morrer pelos pecados dos homens.

É bom parar por aqui e não tentar lançar além o olhar, mas só o coração. Agora sabemos o que custou a Jesus dizer o seu *fiat*, e por que disse o seu *fiat*. Disse "sim", aceitando beber o cálice da justiça e da santidade de Deus por todos nós; disse "sim também à sua paixão real, desde que a compreendamos como resultado do pecado e não apenas como resultado de causas acidentais e políticas. Numa palavra disse "sim" para realizar em si mesmo o destino do Servo de Javé:

> *Ele tomou sobre si as nossas doenças,*
> *carregou as nossas dores...*
> *Ele foi castigado pelos nossos crimes,*
> *esmagado pelas nossas iniquidades.*
> *O castigo que nos salva,*
> *pesou sobre ele* (Is 53,4s.).

Foi necessário o "sim" humano, pronunciado por um Deus na escuridão do espírito da sua humanidade, para resgatar a rebelião acumulada pelos homens desde Adão. Mas ele a resgatou verdadeiramente!

> *Fomos curados nas suas chagas...*
> *Livrada a sua alma dos tormentos, verá a luz,*
> *o justo será saciado de contentamento.*
> *O meu servo justificará a muitos...* (Is 53,5.11)

O Getsêmani termina não na derrota, mas na vitória. Por todos Jesus desceu ao inferno, mas não perdeu sua confiança filial em Deus que, pelo contrário, continuou chamando de *Abba*, Papai! A sua obediência absoluta destruiu assim o inferno e a morte e renovou a vida. Ele foi, de fato, "ouvido pela sua piedade", ou seja, pela sua obediência (Hb 5,7), e ouvido para além de toda a previsão; Deus lhe concedeu de tal modo a sua complacência que, a partir dele, ela extravasa sobre todos os homens; nele foram abençoadas todas as estirpes dos povos, pela sua obediência todos "foram constituídos justos" (Rm 5,19).

2. "Aquilo que falta à obediência de Cristo"

Pascal escreveu "Jesus está em agonia no horto até o fim do mundo" (*Pensamentos*, 806). A sua afirmação pode ter um sentido justo, se pensamos na doutrina do corpo místico. A cabeça ressuscitou e está glorificada, mas seu corpo está ainda na terra e está em provação e angústia: portanto, está em agonia. Mas se o corpo está em agonia, também ele está em agonia, misticamente porque "se um membro sofre, todos os membros sofrem" (1Cor 12,26).

Não é esse, porém, agora, o ponto principal. O ponto principal é saber o que espera de nós o Jesus que está em agonia até o fim do mundo. Pascal nesse mesmo texto diz: uma lágrima de compaixão! "Queres que eu continue a verter por ti o sangue da minha humanidade, sem que tu dês uma lágrima?" Mas não é certamente isso que Jesus espera e deseja de nós em primeiro lugar. Quer que nos unamos a ele na obediência ao Pai, quer que "realizemos na nossa carne aquilo que falta à sua obediência, em favor do seu corpo que é a Igreja (cf. Cl 1,24). *Quem cumpre a vontade de Deus, esse é meu irmão, irmã e mãe* (Mc 3,35): esse está verdadeiramente próximo a mim na minha agonia e me consola. Cada vez que estamos diante de uma obediência difícil, é preciso que logo nos ponhamos de joelhos ao lado de Jesus no Getsêmani, e ele nos ensinará a obedecer; antes, ele obedecerá em nós e por nós.

A obediência é a virtude sobretudo de quem governa, dos prelados. Neles, de fato, como em Jesus, refulge "a obediência essencial", que é obedecer a Deus. Pedro, diante do Sinédrio, disse que é mais importante obedecer a Deus que obedecer aos homens (cf. At 4,19). É obedecendo a Deus que alguém tem o direito de ser obedecido pelos homens. E isso para que, no universo e na Igreja, uma só Vontade governe tudo e seja cumprida direta ou indiretamente por todos: a do Pai celeste.

Obedecer a Deus não é um programa abstrato ou para ocasiões raras; ao contrário, é o tecido cotidiano da existência cristã. Cada vez que acolhemos uma boa inspiração, estamos obedecendo a Deus; cada vez que dizemos "não" a uma vontade da carne, estamos obedecendo a Deus! Não há momento ou ação da vida de um crente que não possam ser transformados num ato de amorosa obediência ao Pai; basta que nos perguntemos com um pouco de recolhimento e de insistência: Que quer o Senhor que eu faça neste momento e nesta circunstância? Sabemos que assim fazia Jesus, tanto que podia dizer: *Eu faço sempre o que é do seu agrado* (Jo 8,29); *o meu alimento é fazer a vontade daquele que me enviou* (Jo 4,34).

A alegria maior que uma criatura humana pode dar a Deus é partilhar o destino de Jesus "Servo de Deus", levando sua "vontade de obedecer" ao extremo, até obedecer na obscuridade mais total, como o fez Jesus no Getsêmani. O servo de Jesus Cristo, aquele que em Jesus põe sua vida em total disponibilidade diante de Deus, por isso mesmo, torna-se, como Jesus, objeto da complacência do Pai; aplicam-se a ele as palavras que o Pai pronunciou um dia sobre Jesus. Sobretudo aquelas palavras ditas a Jesus no seu batismo: *Tu és meu filho muito amado, em ti pus toda a minha complacência* (Mc 1,11).

Concluo esta meditação ouvindo de novo convosco as palavras tão familiares de Fl2, que resumem todo o mistério que quisemos contemplar hoje. Escutemo-las, não como provindas da boca de Paulo, mas como se fosse Deus Pai em pessoa a proclamá-las:

> "Tende em vós os mesmos sentimentos
> de *obediência*
> que havia em Cristo Jesus, *meu filho*,
> o qual, embora sendo de natureza divina,
> não considerou um tesouro somente seu
> a sua igualdade com Deus;
> mas despojou-se a si mesmo,
> assumindo a condição de servo
> e tornando-se semelhante aos homens;
> aparecido em forma humana,
> humilhou-se a si mesmo
> fazendo-se *obediente até a morte*
> e à morte na cruz.
> Por isso eu o exaltei
> e lhe dei o nome
> que está acima de todo outro nome,
> para que, ao nome de Jesus,
> todo joelho se dobre
> nos céus, na terra e sob a terra;
> e toda língua proclame
> que Jesus Cristo é o Senhor!"

3

"ELE RESSUSCITOU VERDADEIRAMENTE"

O mistério pascal na história (II)

1. Vão, digam a Pedro...

"Jesus Nazareno, o crucificado, ressuscitou! Vão, digam-no a Pedro e também aos outros discípulos" (cf. Mc 16,1-7). Jesus, que na manhã de Páscoa mandou as mulheres levar esta alegre notícia a Pedro e a seus companheiros, agora manda a mim levar esta mesma notícia ao sucessor de Pedro[1] e a seus companheiros: Ele ressuscitou! Jesus de Nazaré, o crucificado, ressuscitou!

Em seguida será Pedro quem há de levar essa notícia ao mundo inteiro. Será ele que, dentro de poucos dias, na praça principal de Jerusalém, há de gritar *urbi et orb*: *Jesus de Nazaré... Deus o ressuscitou e nós todos o podemos testemunhar* (At 2,22-32). Antes, porém, como já vimos, outra pessoa foi encarregada de lhe dar essa alegre notícia, para depois desaparecer da cena. Agora ardentemente desejo ser eu mesmo esse humilde e pequeno mensageiro. Sinto-me nesse momento como o diácono que, no início da vigília pascal, se prepara para cantar o *exultet* na presença do bispo. Primeiro pede a bênção dizendo: *Jube domne benedicere*, "Digna-te, ó Pai,

---

[1] Esta meditação, como todas as outras deste livro, foi feita pela primeira vez diante do papa.

de abençoar-me". Depois pede as orações dos presentes, dizendo: "Invocai comigo, eu vos peço, a misericórdia de Deus onipotente. Ele, que sem mérito algum de minha parte, dignou-se agregar-me ao número dos levitas, faça-me cantar os louvores desse círio, penetrando-me com a graça de luz".

Na verdade, é uma graça muito especial poder falar da ressurreição de Cristo. É preciso ser humilde, espantar-se como as mulheres, para desempenhar bem essa missão, e eu sei que não sou capaz de tanto. Mas não posso por isso subtrair-me à missão que recebi: Vá, diga a Pedro e aos outros discípulos que eu ressuscitei, que não fiquem tristes nem tenham medo. Diga à Igreja: Não chore mais; venceu o leão da tribo de Judá (Ap 5,5).

Eu disse que é uma graça muito especial poder falar da ressurreição. Ninguém pode dizer "Jesus é o Senhor!" ou "Jesus ressuscitou", o que é a mesma coisa, senão "pelo Espírito Santo" (cf. 1Cor 12,3). Diante do fato da ressurreição as palavras dizem pouco. Quem passa do anúncio da cruz para o da ressurreição de Cristo assemelha-se a alguém que da terra firme chega, às pressas, à praia do mar. Aí deve deter-se imediatamente. Seus pés já não podem prosseguir e caminhar sobre as águas. Deve contentar-se com apenas olhar ao longe e permanecer no lado de cá. Quem pode dizer como estavam o rosto, os olhos, a voz, os gestos das mulheres quando entraram na sala e se apresentaram diante de Pedro e dos outros apóstolos? Antes mesmo de abrirem a boca, Pedro compreendeu que havia sucedido algo de extraordinário e um calafrio percorreu-lhe o corpo e o de todos os presentes. O "numinoso" envolveu-os de repente e inundou o lugar e todos os presentes.

Aliás, não é difícil imaginar como se teriam desenrolado os fatos. As mulheres falavam ao mesmo tempo e estavam tão excitadas que os apóstolos tiveram, talvez, de lhes dizer que se acalmassem e dissessem claramente do que se tratava. Tudo que se podia entender de sua gritaria eram exclamações desconexas, acompanhadas de gestos: "Vazio, vazio: o sepulcro está vazio! Anjos, anjos: vimos anjos! Vivo, vivo: o Mestre está vivo!" Tudo isso não é nenhuma ampliação retórica de minha parte; antes é um pálido reflexo do que, de fato, aconteceu. A notícia era grande demais para que os meios humanos disponíveis a pudessem conter. Era o vinho novo que rompe os odres velhos e se derrama de todas as partes. Da ressurreição de Cristo, deve-se dizer o que no hino *Lauda Sion* se diz da Eucaristia: *Quantum potes tantum audes*: "Quanto podes tanto ousas, porque ultrapassa todo louvor, e jamais louvarás suficientemente". Pudéssemos uma vez também nós sentir o calafrio da ressurreição! Pudesse sua ação numinosa deixar-nos sem palavra e inundar-nos, como é de sua natureza, de "amor e temor", fazendo-nos "arder e estremecer ao mesmo tempo" como dizia Santo Agostinho (cf. *Confissões*, VII, 16; XI, 9).

Ao anúncio da ressurreição deveremos gritar a nós mesmos com o Salmista: *Desperta, meu coração, despertai harpa e cítara, quero acordar a aurora* (Sl 56,9). Mas como estremecer de alegria, dizem-nos, se o mundo encontra-se tão abalado e perturbado, se "os povos tremem e os reinos se abalam"? É verdade, mas Cristo ressuscitou:

> *Por isso não temos medo se a terra treme,*
> *se os montes desmoronam no fundo do mar.*
> *Que se agitem espumando as águas,*
> *tremam os montes pelo seu furor.*
> *Um rio com seus canais alegra a cidade de*
> *Deus...*
> *Vinde e vede as obras do Senhor,*
> *ele fez prodígios sobre a terra* (Sl 46,3s.).

Todos os "portentos" de Deus encontram sua realização e sua superação nesse portento que é a ressurreição de Cristo. O ressuscitado entrou no cenáculo "de portas fechadas" e ainda hoje ele passa por portas fechadas. Através de portas fechadas dos corações, através de portas fechadas de culturas e épocas que negam a sua ressurreição, através de portas fechadas de regimes ateus que recusam a reconhecê-lo e o combatem. Ele passou, também recentemente, através de tantos desses muros, dos quais o muro de Berlim foi apenas um símbolo. Um nosso irmão poeta, Paul Claudel, dedicou à ressurreição estes versos estupendos:

> *"Ninguém resiste a este vencedor,*
> *Ele passa*
> *por portas fechadas*
> *para o outro lado da parede.*
> *E é assim através do tempo*
> *ele passa sem romper as medidas do tempo".*
> (*La nuit de Pâques*, in *Oeuvre poètique*, Paris 1967, p. 826)

Nada pôde impedir que houvesse Páscoa também neste ano, nada impedirá que haja Páscoa daqui a um ano, até o retorno dele. Nada pode impedir que a Igreja repita em cada Missa "Anunciamos a vossa morte, Senhor, e proclamamos a vossa ressurreição enquanto esperamos a vossa vinda".

2. Ressurreição de Cristo e mistério pascal

Mas chegou o momento de situar o anúncio da ressurreição no quadro de nosso tratado sobre o mistério pascal. Em que sentido a ressurreição de Cristo faz parte do mistério pascal e em que sentido ela constitui o momento que chamamos "histórico" do mistério pascal?

Respondemos começando pela segunda pergunta que é mais simples. Dizemos que a ressurreição de Cristo é o elemento "histórico" da Páscoa cristã, não tanto em oposição a "não histórico", a não realmente acontecido, quanto em oposição a "litúrgico", "moral" e "escatológico". Em outras palavras, nós o chamamos de elemento histórico enquanto representa o acontecimento único e irrepetível, distinto do sacramento que é o aspecto litúrgico e que se repete todos os anos na festa da Páscoa e cada dia na Eucaristia.

Mais difícil é a resposta à outra pergunta, ainda que pareça tão óbvia: em que sentido a ressurreição faz parte do mistério pascal? De fato, hoje em dia é na ressurreição de Cristo que pensamos em primeiro lugar sempre que falamos de "Páscoa"; esse sentido, porém, foi o último a sugerir na práxis da Igreja. Quando isso aconteceu, no século IV-V, suscitou resistências. "Alguns, lê-se num documento da época, criticam a santa Igreja de Deus, porque designa com o nome de Páscoa a venerada festa da ressurreição de Cristo, nosso Deus" (*Chronicon Paschale*, Ed. L. Dindorf, Bonn, vol. I, p. 424).

Quando enfim esse uso se tornou geral, houve ainda muitos protestos: "Muitos, escreve um autor da Idade Média, veem na Páscoa apenas uma coisa: que no primeiro dia da semana o Senhor ressuscitou, e é por isso que se chama também dia da ressurreição do Senhor, esquecendo que Páscoa indica antes de mais nada aquilo que Cristo realizou por sua cruz e seu sangue" (Roberto de Deutz, *De divinis officiis*, 6,26; CCLM 7, 1967, p. 207).

O motivo dessa dificuldade é simples. A ressurreição constitui a novidade absoluta da Páscoa cristã, o não prefigurado, o inesperado. A palavra e a própria festa de Páscoa não podiam por isso assumi-lo imediatamente. Nunca no Novo Testamento se designa com a palavra Páscoa a ressurreição de Cristo; com essa palavra indica-se apenas sua ceia ou sua imolação. É verdade que morte e ressurreição são vistas como formando um conjunto, constituindo mistério único de Cristo proclamado pelo Kérigma. Mas esse mistério de Cristo, ou mistério de salvação, nunca é chamado "mistério pascal" ou mistério da Páscoa. Aliás, o caminho foi inverso. No século II começaram a dizer: "a Páscoa é Cristo"; ou: "O mistério da Páscoa é Cristo" (Justino Militão de Sardes). E já que em Cristo morte e ressurreição são inseparáveis, pouco a pouco a palavra Páscoa começou a abranger também a ressurreição de Cristo, não sem resistências e dificuldades, como já vimos.

A Páscoa era uma instituição preexistente, que os cristãos herdaram do Antigo Testamento. Todo o seu simbolismo indicava imolação, sangue, sacrifício. Por isso não foi difícil para os cristãos fazer o *transfert* para a paixão de Cristo. A primeira vez que o nome é usado em sua acepção cristã (1Cor 5,7), esse é na verdade o seu significado: imolação ou cordeiro pascal: *Cristo nossa Páscoa, foi imolado*. Quando o cristianismo passou para o ambiente grego, vimos que a extraordinária semelhança entre a palavra hebraica *Pascha* e o verbo grego *paschein*, sofrer, induziu os cristãos a acreditar, ingenuamente, e a repetir por muitos séculos que Páscoa significa paixão.

É verdade que originariamente o termo era explicado com a ideia de Deus que "passa por cima", salta, poupa as casas dos hebreus (cf. Êx 12,11); não se via, porém, como esse significado pudesse aplicar-se a Cristo: de resto esse significado perdeu-se na tradução grega da Bíblia que os cristãos em geral conheciam. Outra coisa também é verdade: no tempo do Novo Testamento houve alguém que explicou a palavra Páscoa como *passagem* (Fílon Alexandrino); mas tinha interpretado essa *passagem* como se referindo ao homem que passa "dos vícios à virtude, da culpa à graça", o que evidentemente não convinha a Cristo.

Portanto, a situação na Igreja por muito tempo foi esta: os que explicavam *Páscoa* como *paixão* viam nela a prefiguração da morte de Cristo; os que a explicavam como *passagem* nela viam a passagem do Mar vermelho, não porém como figura da ressurreição de Cristo, mas sim do batismo, ou da passagem da alma do pecado para a vida da graça. É preciso esperar pelo século V para encontrar algum raro exemplo que, com o termo passagem, designe a ressurreição de Cristo (cf. S. Máximo de Turim, *Serm.* 54,1; CCL 23, p. 218; Ps. Agostinho, *Sermo Caillau-St.-Yves* I,30; PLS 2, p. 962).

Foi Agostinho, como já vimos, que possibilitou a superação dessas dificuldades. Ele descobriu que João tinha dado uma nova interpretação ao termo Páscoa: a de passagem de Cristo "deste mundo para o Pai" (Jo 13,1). A partir disso ele pôde ampliar o conceito de Páscoa, até fazê-lo abranger também a ressurreição de Cristo, e formular o mistério pascal como mistério ao mesmo tempo de paixão e de ressurreição, de morte e de vida, ou melhor, de passagem da morte para a vida. "Por meio da paixão o Senhor passou da morte à vida abrindo para nós o caminho, para nós que acreditamos na sua ressurreição, para que também possamos passar da morte para a vida" (Santo Agostinho, *Enarr. Ps.* 120,6; CC 40, p. 1791). "Paixão e ressurreição do Senhor: eis a verdadeira Páscoa", exclama ainda Santo Agostinho (*Catec. Rud.* 23, 41, 3; PL 40, 340). "Páscoa é dia em que celebramos ao mesmo tempo a paixão e a ressurreição do Senhor" (Santo Agostinho, *Sermo, Denis*, 7; *Misc.* Ag. I, p. 32). Mas isso não é tudo. No plano da fé, Santo Agostinho coloca a ressurreição acima da própria morte, escrevendo: "A fé dos cristãos é a ressurreição de Cristo" (*Enarr. Ps.* 120, 6; CCL 40, p. 1791).

Morte e ressurreição juntas constituem, pois, o mistério pascal. Mas não como duas realidades ou momentos justapostos, que se contrabalançam ou que simplesmente se sucedem. Mas antes como um movimento, a passagem de um para o outro. Algo de dinâmico que indica o dinamismo profundo da redenção, que é o de fazer-nos passar da morte para a vida, da dor para a alegria. Mais que um "fato", a Páscoa é um "fieri", um movimento irreprimível. Diz, pois, tendência à ressurreição, realiza-se e completa-se só na ressurreição. Uma Páscoa de paixão sem a ressurreição seria uma pergunta sem resposta, uma noite sem a aurora de um novo dia. Seria fim, não início de tudo. E agora, depois de ter falado no capítulo precedente da morte de Cristo, chegou o momento de falar de sua ressurreição, completando assim o tratado do mistério pascal "na história".

3. A ressurreição de Cristo: enfoque histórico

Eu disse acima em que sentido falamos da ressurreição de Cristo como do elemento "histórico" da Páscoa: no sentido de constituir o "acontecimento comemorado", diferente da Páscoa litúrgica anual que constitui a "comemoração do acontecimento". Mas é só nesse sentido que a ressurreição de Cristo pode ser considerada um fato "histórico"? Podemos ou não definir a ressurreição como um acontecimento histórico também no sentido mais comum do termo, isto é, de "realmente acontecido", no sentido de histórico opor-se a não histórico, a místico ou legendário? Para exprimir-nos em termos de um debate recente: Jesus ressuscitou só no Kérigma e na liturgia da Igreja ou ressuscitou também na realidade e na história? Ressuscitou *porque* a Igreja crê e o proclama, ou ressuscitou, e *por isso* a Igreja o proclama? Ainda: ressuscitou ele, a *pessoa* de Jesus, ou ressuscitou só a sua *causa*, no sentido puramente metafórico em que ressuscitar significa sobreviver, ou o ressurgir vitorioso de uma ideia depois da morte de quem propôs?

A resposta mais autorizada aparece já contida no Evangelho, posta aí antecipadamente pelo Espírito

Santo: *ressuscitou verdadeiramente*, dizem os apóstolos recebendo os dois discípulos de Emaús, antes mesmo que eles pudessem falar de sua experiência (cf. Lc 24,34). Ressuscitou, pois, "realmente", "de verdade" (ontos). Os cristãos orientais fizeram desta frase a sua saudação pascal: "O Senhor ressuscitou"; e quem era saudado respondia: "Ressuscitou verdadeiramente!"

Vejamos, então, em que sentido se dá o enfoque também histórico da ressurreição de Cristo. Não que haja entre nós alguém que não creia ainda, ou deva ser persuadido a crer por este caminho, mas, como diz Lucas no início de seu Evangelho, "para que possamos nos dar conta da solidez dos ensinamentos que recebemos" (cf. Lc 1,4).

Com a paixão e morte de Jesus, a luz que se ia acendendo na alma dos discípulos não resistiu à prova de seu trágico fim. Uma escuridão total encobriu tudo. Eles chegaram a reconhecê-lo como enviado de Deus, como um que era mais do que todos os profetas. Agora não se sabe mais que pensar. O estado de espírito dos discípulos é-nos apresentado por Lucas no episódio dos dois discípulos de Emaús: *Nós esperávamos que fosse ele... mas já se passaram três dias* (Lc 24,21). Achamo-nos num ponto morto da fé. O caso de Jesus é considerado encerrado.

Agora, sempre como historiadores, transportemo-nos para alguns anos depois. Que encontramos? Um grupo de homens, o mesmo que estava ao lado de Jesus, que vai repetindo com palavras e escritos que Jesus de Nazaré é o Messias, o Senhor, o Filho de Deus; que ele está vivo e que virá para julgar o mundo. O caso de Jesus não só é reaberto, mas toma em pouco tempo uma dimensão incrivelmente profunda e universal. Aquele homem interessa não apenas ao povo hebraico, mas a todos os homens de todos os tempos. *A pedra que foi rejeitada pelos construtores,* diz São Pedro, *tornou-se pedra angular* (1Pd 2,4), isto é, princípio de uma nova humanidade. De agora em diante não há nenhum outro nome dado aos homens sob o céu, no qual possam ser salvos, senão o nome de Jesus de Nazaré (cf. At 4,12).

Que é que aconteceu? Que coisa determinou tal mudança na vida desses mesmos homens que antes haviam rejeitado Jesus e tinham fugido e agora dizem em público tais coisas, fundam Igrejas em nome de Jesus e deixam com a maior tranquilidade que os aprisionem, flagelem e matem por ele? Eles mesmos, em coro, dão-nos a resposta: "Ele ressuscitou!" O último ato, que pode realizar o historiador antes de ceder a palavra à fé, é verificar aquela resposta: ir também ele, como as piedosas mulheres, ao sepulcro para ver qual a realidade.

A ressurreição é um acontecimento histórico num sentido muito particular. Está no limite da história, como o fio que divide o mar da terra firme. Está dentro e fora do tempo. Com ela, a história se abre a tudo o que está além da história, à escatologia. É, portanto, em certo sentido, a ruptura da história e seu superamento, assim como a criação é seu início. Isso faz, sim, que a ressurreição seja um acontecimento do qual não pode haver testemunhas, e que não pode ser atingido por nossas categorias mentais, que todas são sempre ligadas à experiência do tempo e do espaço. De fato, ninguém está presente no momento em que Jesus ressuscita.

Ninguém pode dizer que viu Jesus ressuscitar, mas só o viu ressuscitado. Portanto, a ressurreição só se conhece *a posteriori*, depois, exatamente como a encarnação no seio de Maria. É a presença física do Verbo em Maria que demonstra o fato da encarnação; assim é a presença espiritual de Cristo na comunidade, feita visível nas aparições, que demonstra que ele ressuscitou. Isso explica o fato de nenhum historiador profano ter feito menção da ressurreição. Tácito, que também lembra a morte de certo Cristo no tempo de Pôncio Pilatos (Anais, 25), nada fala da ressurreição. Este fato não tinha importância e sentido senão para quem experimentava as suas consequências no seio da comunidade.

Em que sentido, então, falamos de um enfoque histórico da ressurreição? O que se apresenta à consideração do historiador e lhe permite falar da ressurreição são dois fatos: o primeiro é a fé repentina e inexplicável dos discípulos, uma fé tão firme que os levou a resistir até o martírio; o segundo é a explicação dessa fé, que os interessados, isto é, os discípulos, legaram-nos. "No momento decisivo, quando Jesus foi preso e justiçado, os discípulos não nutriam nenhuma expectativa de uma ressurreição. Eles fugiram e deram por terminado o caso de Jesus. Deve, pois, ter acontecido alguma coisa que, em pouco tempo, não só provocou a mudança radical em seu espírito, mas os levou também a uma atividade totalmente nova e à fundação da Igreja. Essa 'alguma coisa' é o núcleo histórico da fé da Páscoa" (M. Dibelius, *Jesus*, Berlim, 1966, p. 117). Examinemos, então, o testemunho dos apóstolos para vermos até que ponto nos é dado, através dele, aproximar-nos do acontecimento da ressurreição.

O testemunho de São Paulo

O testemunho mais antigo que existe é o de São Paulo que diz assim: *O que lhe transmiti foi, em primeiro lugar, o que eu tinha recebido: que Cristo morreu por nossos pecados e que ressuscitou ao terceiro dia, cumprindo as mesmas Escrituras; que apareceu a Cefas e mais tarde, aos Doze. Depois apareceu a mais de quinhentos irmãos de uma vez, a maioria dos quais ainda vive, enquanto alguns já morreram. Posteriormente, apareceu Tiago e, em seguida, a todos os apóstolos. Em último lugar, apareceu também a mim, que sou como quem nasceu fora de tempo* (1Cor 15,3-8).

A data em que foram escritas essas palavras é o ano de 56 ou 57 d.C. O núcleo central do texto, todavia, é constituído de um credo anterior, que São Paulo diz ter ele mesmo recebido de outros. Levando em conta que São Paulo recebeu essas fórmulas logo depois de sua conversão, podemos levá-la até o ano 35 d.C., isto é, cinco ou seis anos depois da morte de Cristo. Portanto, trata-se de um testemunho antiquíssimo.

Mas que coisa atestam concretamente essas fórmulas? Dois fatos fundamentais: que "foi ressuscitado" e que apareceu.

Foi ressuscitado (em grego *egegertai*), no sentido de "levantou-se", "ressurgiu", ou, no passivo, "foi levado", "foi ressuscitado", subentende-se, por Deus Pai. São certamente meios expressivos não adequados. Na verdade, Cristo não voltou atrás, à vida de antes, como Lázaro, para depois morrer de novo; mas ressurge para a frente, para um mundo novo, para uma vida nova segundo o Espírito. Trata-se de qualquer coisa que não tem analogia na experiência humana e que, portanto, deve ser expressa em termos impróprios e figurados. A ressurreição de Cristo é qualquer coisa completamente diversa de todos os casos conhecidos de ressurreição da morte, realizados pelo próprio Jesus em sua vida. Esses casos são apenas um adiamento ou um retardamento da morte; a ressurreição de Jesus é a vitória definitiva e irreversível sobre a morte.

Apareceu (em grego: *ophthe*) no sentido de mostrou-se, foi feito visível por Deus. Do termo, pode-se apenas deduzir que as testemunhas estão convencidas da identidade entre o crucificado que deixaram no Gólgota e o que, em seguida, apareceu. Trata-se de uma experiência fortíssima, concretíssima, da qual "não podemos não falar" (At 4,20). Quem a fez está certo de se ter encontrado pessoalmente com ele, Jesus de Nazaré, e não com um fantasma. Paulo diz que outros mais ainda vivem, remetendo assim tacitamente a eles o leitor que quisesse assegurar-se. A experiência feita pelos outros é confirmada por sua própria experiência: "apareceu também a mim".

O testemunho dos Evangelhos

A narração dos Evangelhos retrata uma fase ulterior da reflexão da Igreja, com algumas divergências e intenções apologéticas. O núcleo central do testemunho, porém, permanece inalterável: O senhor ressuscitou e apareceu vivo. A isso se junta um elemento novo: *o sepulcro vazio*. Daí São João tira uma prova quase física da ressurreição de Jesus (Jo 20,3s.): as ataduras por terra e o sudário dobrado à parte, como se o corpo se tivesse volatizado. O fato do sepulcro vazio podia ter diversas explicações e jamais constituiu a base da fé na ressurreição. Mais tarde, quando foi preciso enfrentar a versão do roubo do corpo de Jesus, propalada pelos inimigos, introduziram-se mais alguns elementos novos para confirmação do fato: os anjos e a história dos guardas corrompidos pelos chefes dos judeus.

Também para os Evangelhos o fato decisivo são as aparições. As aparições, contudo, testemunham também uma nova dimensão do Ressuscitado, seu modo de ser "segundo o Espírito", que é um modo novo e diferente do modo anterior de existir, "segundo a carne". Ele, por exemplo, pode ser reconhecido não por qualquer um que o vê, mas só por aquele a quem é dado conhecê-lo. A sua corporeidade é diversa da de antes. Está livre das leis físicas: entra e sai estando as portas fechadas; aparece e desaparece. Onde estava Jesus quando desaparecia e de novo aparecia? Para nós é um mistério, como é um mistério o fato de ele comer depois de ressuscitado. Não temos nenhuma experiência para podermos falar do mundo futuro no qual ele entrou.

A ressurreição é um acontecimento objetivo ou apenas subjetivo?

Há uma explicação diferente da ressurreição, que não faz muito tempo foi apresentada por R. Bultmann. Ele diz que, no caso da ressurreição, se tratou de visões psicogênicas, isto é, de fenômenos subjetivos. Mas isso, se fosse verdade, seria, no fim, um milagre não menor que o milagre que não se quer admitir. Supõe, na verdade, que pessoas diversas, em situações e lugares diversos, tenham tido a mesma impressão ou alucinação.

Os discípulos não poderiam enganar-se: eram gente concreta, pescadores de modo algum dados a visões. De começo, não acreditam; Jesus como que teve de vencer a resistência deles: "Vocês são tardos de coração para crer!" Eles, por outro lado, não poderiam querer enganar os outros. Todos os seus interesses opunham-se a isso; eles teriam sido os primeiros a ser e a sentir-se enganados por Jesus. Se ele não ressuscitou, que sentido teria enfrentar a perseguição e a morte por ele?

Tendo por base a teoria da demitização levantou-se essa objeção de fundo ao fato da ressurreição como vem narrada pelas testemunhas de então: essa narrativa, dizem, reflete o modo de pensar e de representar o mundo de uma época pré-científica, que concebia o universo como formado por planos sobrepostos, o de Deus, o do homem e o dos infernos, com a possibilidade de passar de um para o outro. Essa seria uma concepção mítica do mundo que hoje estaria superada. A demitização tem sua parte de verdade e de utilidade, mas não se pode aplicar desse modo ao caso específico da ressurreição. A ressurreição da morte, como apresentada pelos Evangelhos (ressurreição em corpo e alma), de fato estava em contraste com a concepção antiga do mundo, especialmente a dos gregos, do mesmo modo como contrasta com de nossos dias. Se, pois, os Apóstolos a defenderam com tanta tenacidade, não foi por estar de acordo com as representações de seu tempo, mas porque estava conforme a verdade. De outro lado, é também fácil demonstrar a incoerência da explicação de Bultmann no quadro dessa teoria. Ele admite que Deus interveio no caso de Jesus Cristo, confirmando a sua causa. É claro, pois, que de qualquer modo Deus agiu miraculosamente em Jesus de Nazaré. Mas, se agiu miraculosamente, que diferença faz admitir que se tratou de verdadeira ressurreição e de verdadeiras aparições, e não de fatos interiores e puramente visuais? Que necessidade tinha Deus de recorrer a um milagre aparente, quando podia fazer um milagre verdadeiro?

A verdade é que por debaixo da negação da realidade e da historicidade da ressurreição está a negação da realidade da encarnação. Para Bultmann, a fórmula "Cristo é Deus" é falsa em todos os sentidos, se Deus é considerado como um ser objetivável; é correta se considerada como "o evento da atuação divina" (*Glauben und Verstehen*, II, Tubinga, 1938, p. 258). Mas é claro que, se a encarnação não é objetiva, nem mesmo a ressurreição pode ser objetiva. Portanto, o problema está mais acima. Toda a diatribe sobre a realidade da ressurreição baseia-se num equívoco. O verdadeiro problema é a divindade de Cristo. É saber quem é Jesus Cristo. Os que negam a realidade de ressurreição são coerentes consigo mesmos, ainda que não o sejam com a Escritura e com o dogma. Os mesmos argumentos que se erguem contra a possibilidade da ressurreição valeriam também contra a encarnação. Os santos Padres não se enganavam ao colocar em estreito paralelo encarnação e ressurreição, nem ao demonstrar uma pela outra. Como a presença corporal do Verbo no seio de Maria demonstra a encarnação, assim a presença espiritual de Cristo na comunidade pós-pascal, feita visível nas aparições, demonstra a sua ressurreição. Como o Verbo entrou no mundo sem violar a virgindade da mãe, assim entrou no cenáculo de portas fechadas. É possível admitir uma encarnação real e uma união hipostática, como definidas nos concílios antigos e professadas pelos cristãos em seu credo, e depois negar a ressurreição? O desmoronamento da fé, nesse caso, não para nem mesmo na encarnação, mas leva de roldão inevitavelmente também a Trindade, porque não conhecemos o Filho senão através da encarnação.

Negado o caráter histórico, isto é, o caráter objetivo e não o subjetivo da ressurreição, o nascimento da Igreja e da fé torna-se um mistério mais inexplicável do que a própria ressurreição. O mesmo autor, que nega qualquer importância ao Jesus histórico e faz todo o cristianismo depender da experiência pascal dos apóstolos, tira todo o valor dessa experiência pascal transformando-a num fato interior, mais ou menos visionário. Foi observado com muita justeza: "A ideia que o imponente monumento da história do cristianismo seja uma enorme pirâmide equilibrada sobre um fato insignificante é certamente menos crível do que afirmar que todo o acontecimento (o fato mais significativo que lhe é inerente) tenha realmente ocupado na história um lugar comparável ao que lhe atribui o Novo Testamento" (C.H. Dodd, *Storia ed Evangelo*, Brescia, 1976, p. 87).

Qual é, então, o ponto de chegada da pesquisa histórica sobre a ressurreição? Podemos encontrá-lo nas palavras dos discípulos de Emaús: Alguns discípulos, na manhã de Páscoa, foram ao sepulcro de Jesus e viram que era realidade o que haviam dito as mulheres que até lá tinham ido antes deles, "mas a ele não o viram". Também a história dirige-se ao sepulcro de Jesus e deve constatar que tudo está de acordo com o que as testemunhas disseram. Mas a ele, o Ressuscitado, a história não vê. Não basta constatar historicamente, é preciso ver o Ressuscitado, mas isso não o permite a história, mas apenas a fé (cf. S. Kierkegaard, *Diário*, X 4 A 523). De mais a mais aconteceu a mesma coisa com as testemunhas de então. Também para elas foi necessário um salto. Das aparições e, talvez, do sepulcro vazio que são fatos históricos chegaram à afirmação: "Deus o ressuscitou", o que é uma afirmação de fé. Enquanto afirmação de fé, mais do que conquista, é um dom. E, de fato, vemos no Evangelho que nem todos veem o Ressuscitado, mas somente aqueles aos quais ele se dá a conhecer, e quando se dá a conhecer. Os discípulos de Emaús tinham caminhado com ele sem conhecê-lo, até quando ele quis e até quando seus corações se dispuseram a receber a graça, "seus olhos abriram-se e eles o reconheceram" (Lc 24,30).

4. A ressurreição de Cristo, enfoque da fé

A ressurreição de Cristo é como um divisor de águas: de uma parte olha para a história e conduz à história, de outra parte olha para a fé e conduz à fé. Agora desçamos pelo lado oposto àquele pelo qual viemos; vamos descer a encosta na direção da fé. Passando da história para a fé, muda o modo de falar da ressurreição, o tom e a linguagem. Não se aduzem provas e confirmações, nem há necessidade disso, pois a voz do Espírito cria diretamente a convicção do coração. É uma linguagem assertiva, apodítica. *Mas não! Cristo ressuscitou dos mortos* (1Cor 15,20), diz Paulo. Aqui já estamos mais no plano da fé do que no plano da demonstração. É o Kérigma. "Sabemos que Cristo ressuscitou verdadeiramente dos mortos", canta a liturgia no dia de Páscoa: "Nós sabemos que Cristo ressuscitou verdadeiramente". Também isso é uma linguagem de fé. Não só acreditamos, mas tendo crido sabemos que é assim, e disso temos certeza. Trata-se de uma certeza de natureza diversa da certeza histórica, mais forte, porém, porque fundamentada em Deus. Só o incrédulo ou o agnóstico pode dizer que isso é orgulho de quem crê possuir a verdade e não aceita nem mesmo discutir. Na realidade é a linguagem de quem foi até o fundo realizando aquilo que São Paulo chama "obediência da fé".

A importância da ressurreição de Cristo para a fé é tanta que, sem ela, diz São Paulo, a nossa fé seria "vã", no ar, sem fundamento histórico (1Cor 15,14). Nós cremos naquele que ressuscitou Jesus Cristo dos mortos (Rm 4,24). Compreende-se agora por que Santo Agostinho pode dizer que a "fé dos cristãos é a ressurreição de Cristo". Que Cristo tenha morrido, todos acreditam, até os pagãos; que tenha ressuscitado, só os cristãos o creem; e não é cristão quem não crê (cf. Santo Agostinho, *Enarr. Ps.* 120, 6; CCL 40, p. 1791).

Significado apologético da ressurreição

Mas que é a ressurreição considerada sob o ponto de vista da fé? É o testemunho de Deus sobre Jesus Cristo. Lemos, no primeiro sermão sobre a ressurreição, que Pedro fez ao povo de Jerusalém logo depois de Pentecostes: *Homens de Israel, ouçam estas palavras: Jesus de Nazaré foi por Deus credenciado junto de vocês por meio de milagres, prodígios e sinais... vocês o entregaram e o mataram, pregando-o na cruz por mãos de gente má. Mas Deus o ressuscitou... e nós todos somos testemunhas disso* (At 2,22-32). Está aqui expresso um conceito de testemunho: o que os apóstolos deram em favor da ressurreição de Cristo. Disso está cheio o Novo Testamento. Mas há ainda outro testemunho: o que Deus, deu em favor de Jesus Cristo, ressuscitando-o. Deus, que ainda durante a vida de Jesus Cristo já o havia credenciado com prodígios, agora selou com sigilo definitivo o seu reconhecimento: ressuscitou-o. São Paulo, no discurso de Atenas, formula assim o tema: *Deus que o ressuscitou dos mortos deu assim a todos os homens uma prova segura sobre ele* (At 17,31). "Prova segura" de que exatamente? Da verdade de Jesus Cristo, isto é, da autenticidade de sua pessoa e de sua missão. Deus garante que Jesus de Nazaré é, na verdade, aquele que dissera ser. A ressurreição é o poderoso "Sim" de Deus, o seu "Amém" pronunciado sobre a vida de Jesus.

A morte de Cristo já não era, por si mesma, um testemunho suficiente? Não. Ela não é suficiente para testemunhar a verdade de sua causa. Muitos homens morrem na terra por causas erradas, por causas até iníquas. A sua morte não fez verdadeira a sua causa; apenas testemunhou que eles acreditavam na sua verdade. "O belo testemunho que Jesus deu diante de Pôncio Pilatos" (1Tm 6,13) não é, portanto, testemunho de sua verdade, é apenas testemunho de seu amor. O supremo testemunho nesse campo, já que "ninguém tem um amor maior que o daquele que dá a vida pela pessoa amada" (Jo 15,13).

Portanto, apenas a ressurreição constitui o sigilo da autenticidade divina da Cristo. Eis por que Jesus mesmo a indicou como sinal por excelência. A quem lhe pedia um sinal, Jesus um dia respondeu: *Destruam este templo e eu em três dias o reerguerei* (Jo 2,18s.). Paulo, pois, tem razão de edificar sobre a ressurreição, como sobre seu fundamento, todo o edifício da fé: *Mas se o Cristo não ressuscitou então nossa pregação é vazia, vazia também é a fé de vocês. Então somos falsas testemunhas de Deus... Somos os mais lastimáveis de todos os homens* (1Cor 15,14-15.19).

Mas exatamente o que a respeito de Cristo é confirmado pela ressurreição? Em primeiro lugar, a pessoa e a obra terrena de Jesus: o Jesus histórico. Aquele Jesus de Nazaré, que "passou fazendo o bem e curando a todos", aquele mesmo que os homens mataram pregando-o numa cruz, esse é que Deus ressuscitou no terceiro dia (At 10,38ss.). Na cruz parecia que o Pai tinha desautorizado Jesus, a ponto de arrancar-lhe um grito de angústia. "Meus Deus, meu Deus, por que me abandonastes"?; agora, ressuscitando-o, o Pai demonstra identificar-se com o crucificado e com a sua causa. De agora em diante será impossível ver o crucificado a não ser "na glória do Pai", e impossível ver a glória do Pai a não ser no rosto do crucificado. A ressurreição é, pois, como um farol que, para além da Páscoa, ilumina a vida terrena de Jesus. À sua luz, os seus discípulos lembraram, compreenderam e fixaram as palavras e os gestos de Jesus, sobretudo o último gesto misterioso, quando tomou o pão, partiu-o e deu-lhes, dizendo: "Tomem e comam todos: isto é meu corpo que lhes é dado".

A ressurreição eleva a um estado novo essas mesmas palavras ditas por Jesus em sua vida e que estão contidas no Evangelho. Foram subtraídas de seu tempo histórico e tomaram uma dimensão universal. Já não são apenas um ensinamento sapiencial ou profético; mostram-se, porém, como aquilo que são de fato: "palavras que não passam", Palavra de Deus. Jesus, durante sua vida, tinha proclamado: "O reino de Deus está próximo!" Isso foi o cerne de seu anúncio. A ressurreição atesta-nos que não houve engano: com ele, morto e ressuscitado, chegou o reino de Deus. O fim já começou; não importa quando terminará, se dentro de poucos anos, como pensaram as primeiras testemunhas, ou se daqui a milhares e milhões de anos.

Significado mistérico da ressurreição

Mas, considerada sob o ponto de vista da fé, a ressurreição não é apenas isso. A esse significado, que podemos chamar de *apologético*, voltado para estabelecer a autenticidade da missão de Cristo e a legitimidade de sua pretensão divina, é preciso acrescentar outro significado que podemos chamar de *mistérico* ou salvífico, que só recentemente recebeu a devida atenção. A ressurreição não prova apenas a *verdade* do cristianismo, mas fundamenta também a *realidade* cristã. É parte integrante do mistério da salvação.

Para alguns a ressurreição não significaria uma nova e real intervenção de Deus na história, diversa daquela cruz. Seu significado salvífico reduzir-se-ia, por isso, a apenas elucidar o significado da cruz (assim diz R. Bultmann). Mas isso certamente não basta. São Paulo elucida o significado específico da ressurreição quando faz derivar dela a própria justificação (cf. Rm 4,25) e a remissão dos pecados (1Cor 15,17). Não se trata apenas de exemplaridade, no sentido de que a morte e a ressurreição de Cristo são o modelo, o paradigma da morte para o pecado e da vida nova em Deus, e de nossa própria morte e ressurreição. O esquema: *como* Cristo – assim nós (cf. Rm 6,4s.), significa também *porque* Cristo – também nós. Como Cristo morreu, morremos para o pecado; como Cristo ressuscitou, podemos caminhar em novidade de vida. Cristo ressuscitou para nossa justificação, isto é, para causá-la, e não só para mostrá-la. Santo Agostinho expressou tudo isso de um modo perfeito ligando-o justamente ao ato da fé na ressurreição: "Pela paixão o Senhor passou da morte à vida, abrindo-nos a vida, a nós que *cremos* na ressurreição, para passarmos também nós da morte à vida" (Santo Agostinho, *Enarr. Ps.* 120,6; CCL 40, p. 1791). Ele nada mais fez do que acolher o ensinamento de Paulo: *Se você acredita em seu coração que Deus o ressuscitou dos mortos, você estará salvo* (Rm 10,9). É significativo que só depois da ressurreição Jesus chame seus discípulos de "irmãos": *Vá procurar meus irmãos e diga-lhes que subo para meu Pai e seu Pai* (Jo 20,17). Não mais apenas servos e não mais apenas amigos (cf. Jo 15,15). Ele não se envergonha de chamá-los de irmãos, porque "aquele que santifica e aqueles que são santificados provêm de uma mesma origem (Hb 2,11-12). A partir da encarnação tínhamos em comum com Cristo "a mesma carne"; a partir da ressurreição temos em comum com ele também "o seu espírito". Com a ressurreição Jesus tornou-se, na verdade, "Espírito doador da vida" (1Cor 15,45).

Conclusão: uma fé mais pura

Tudo que foi dito nada mais é do que reafirmação, em termos mais modernos, da fé tradicional da Igreja a respeito da ressurreição. Então pode ser considerada totalmente inútil essa recente discussão suscitada pela crítica racionalista e pela teoria da desmitização? Não. Ela trouxe uma purificação da fé, o que lhe era necessário para poder ser representada hoje. Liberou a crença na ressurreição de representações às vezes grosseiras e falsamente apologéticas. Para acentuar a realidade e a historicidade da ressurreição, muitas vezes se chegou a criar um acontecimento intramundano, constatável, um fato mais de experiência que de fé. Quanto à ressurreição e a divindade de Cristo não se tem conhecimento direto, mas só indireto, mediante precisamente o salto da fé. Toda essa contestação ajuda-nos a ser mais sóbrios na fé, mais humildes e mais calados diante do divino e do inefável. Fez nossa fé mais nua e, por isso mesmo, mais pura, como uma espécie de "noite escura dos sentidos", através da qual passou ou deve passar a fé de toda Igreja.

Mas a utilidade não foi só negativa. É extraordinariamente consolador afirmar que Jesus ressuscitou no "Kérigma", uma vez que se estabeleceu que ele ressuscitou também na história. Se Cristo ressuscita no Kérigma, isto é, no momento em que é proclamado com fé pela Igreja, então se ele está sempre ressuscitando. É aquele que sempre ressuscita. Ele que ressuscitar nesta Páscoa e espera que nós o façamos ressuscitar pregando a sua ressurreição e pregando-a "no Espírito".

Talvez ele tenha ressuscitado agora mesmo, aqui entre nós, e felizes aqueles que uma vez puderem dizer com São Paulo: "Ele apareceu também a mim!" (1Cor 15,8).

4

"FAÇAM ISTO EM MEMÓRIA DE MIM"

O mistério pascal na liturgia (I)

Nos dois capítulos anteriores ilustrei a Páscoa de Cristo, isto é, a sua passagem deste mundo ao Pai através do abismo da sua paixão e através da sua ressurreição. Essa Páscoa de Cristo prolonga-se e perpetua-se na Igreja de dois modos, ou em dois planos distintos, mesmo se entre si intimamente unidos. O primeiro é o plano litúrgico e comunitário, que podemos chamar de plano objetivo, ou também de plano mistérico, porque se realiza principalmente nos "mistérios", isto é, nos sacramentos. A esse plano pertencem, além da festa anual da Páscoa, os sacramentos do batismo, da eucaristia e da penitência, na medida em que também este último é um sacramento pascal. O segundo é o plano existencial e pessoal, que podemos definir como plano subjetivo, ou também plano moral, porque se realiza por meio do esforço moral e ascético do cristão. A esse segundo plano pertence o discurso sobre a conversão, sobre a purificação e, em geral, aquilo que os Padres da Igreja definem como "a passagem dos vícios à virtude, da culpa à graça".

Há, pois, uma Páscoa a ser celebrada na liturgia e uma Páscoa a ser celebrada na vida. Elas são inseparáveis entre si: a Páscoa da liturgia deve alimentar a Páscoa da vida, e esta tornar autêntica a Páscoa litúrgica.

Essas duas Páscoas, que chamamos, respectivamente, "Páscoa da Igreja" e "nossa Páscoa", possuem uma base comum, sem a qual não podem operar eficazmente aquilo que significam; essa base é a fé. Paulo diz: *Se você confessar com a sua boca o Senhor Jesus e crer de coração que Deus o ressuscitou dentre os mortos, você será salvo* (Rm 10,9); é como dizer: se você acreditar na Páscoa de Cristo, também você terá a sua Páscoa. Santo Agostinho ilustrou bem este ponto: "por meio da paixão, escreve, o Senhor "passou" da morte para vida, abrindo a via para nós que *cremos* na sua ressurreição, para "passarmos" também nós da morte para vida" (*Enarr. Ps.* 120,6). Um padre grego exprime o mesmo pensamento em termos surpreendentemente modernos e existenciais: "Todo o homem que conhece a Páscoa imolada por ele considere que para ele o princípio da vida é aquele a partir do qual Cristo foi imolado por ele. Mas Cristo é imolado por ele no momento em que ele reconhece a graça e toma consciência da vida obtida para ele por uma tal imolação" (*Homilia pascal de antigo autor*, SCh. 36, p. 61).

A fé, uma fé viva e pessoal, não só no evento em si da morte e ressurreição de Cristo, mas também no significado que tal evento tem para mim, *hic et nunc*, é pois a passagem obrigatória, uma espécie de portal de ingresso na luz da Páscoa. Na liturgia da noite de Páscoa, em certo ponto, ressoa o grito: *Lumen Christi*, luz de Cristo; mas, como na ordem natural não basta que a luz brilhe, é preciso também que o olho esteja aberto para vê-la, assim na ordem espiritual é preciso a fé, para ver e alegrar-se com o sol de justiça que sobe dos infernos.

Depois dessa premissa, podemos considerar separadamente as duas Páscoas, dedicando a reflexão de hoje à Páscoa litúrgica e a próxima à Páscoa pessoal.

No seu núcleo essencial, a Páscoa litúrgica, ou da Igreja, baseia-se na vontade de Jesus que instituiu os sacramentos pascais e, em particular, a Eucaristia, dizendo: Façam isto em memória de mim (Lc 22,19). A respeito desse ponto a Páscoa cristã situa-se na linha da Páscoa hebraica. Como a Páscoa litúrgica de Israel era o memorial da Páscoa histórica do Êxodo, assim a Páscoa litúrgica da Igreja é o memorial da Páscoa real de Jesus, isto é, da sua passagem deste mundo para o Pai. Desse modo a festa de Páscoa atravessa, de um ponto ao outro, toda a história da salvação e constitui-se para ela uma espécie de espinha dorsal e de fio condutor.

Desta Páscoa litúrgica da Igreja considero, no presente capítulo, três aspectos, tais como foram percebidos na grande tradição dos Santos Padres: o aspecto litúrgico, o aspecto teológico e o aspecto espiritual; no primeiro, acenarei ao desenvolvimento dos ritos pascais; no segundo, tratarei do significado soteriológico da Páscoa; no terceiro, de como fazer da Páscoa a ocasião de um encontro pessoal com o Ressuscitado.

1. O desenvolvimento ritual da Páscoa

Do ponto de vista dos ritos, das origens até pela metade do IV século, a Páscoa da Igreja apresenta-se com uma fisionomia muito simples. Tudo gravita em torno da vigília pascal, que se celebra na noite entre o sábado e o domingo (para os seguidores-do-décimo-quarto-dia, na noite entre o 13 e o 14 de Nisan), precedida de um ou mais dias de jejum. Ela se inicia ao pôr do sol e termina com a aurora, ao canto do galo, com a celebração da Eucaristia. Durante a vigília, administra-se o batismo, leem-se trechos da Bíblia, entre os quais Êx 12 (hoje, infelizmente, desaparecido da vigília!), cantam-se hinos e o bispo faz a homilia. Nesse período mais antigo, também a vigília, como toda Páscoa, tem um conteúdo cristológico, mais que moral ou ascético. É literalmente uma "vigília do Senhor" (Êx 12,42) e não uma vigília do homem. O que, pois, seja a "vigília do Senhor", no-lo explica de modo insuperável São Cromácio d'Aquileia neste discurso para a noite pascal: "Todas as vigílias que são celebradas em honra do Senhor são agradáveis a Deus e aceitas por Ele; mas essa vigília está acima de todas as vigílias. Ela foi chamada, por antonomásia, "a vigília do Senhor". Está escrito de fato: Esta é a vigília do Senhor a ser observada por todos os filhos de Israel (Êx 12,42). Muito justamente essa noite é chamada "vigília do Senhor"; ele, de fato, fez vigília em vida, para que nós não nos adormentássemos na morte. No mistério da paixão, ele se submeteu por nós ao sono da morte, mas tal sono do Senhor tornou-se a vigília de todo o mundo, porque a morte de Cristo afastou de nós o sono da morte eterna. É isso que ele mesmo diz por meio do profeta: Depois disso, eu adormeci e despertei, e o meu sono se tornou suave para mim (cf. Sl 3,6; Jr 31,26). Certamente esse sono de Cristo tornou-se suave porque nos chamou da amarga morte para a doce vida. Essa noite, enfim, é chamada "vigília do Senhor" porque ele vigiou mesmo dormindo o sono da morte. É o que indica ele mesmo pela boca de Salomão quando diz: Eu durmo, mas o meu coração vigia (Ct 5,2), aludindo abertamente ao mistério da sua divindade e da sua carne. Ele dormiu na carne, mas vigiou na divindade que não podia dormir. Sobre a divindade de Cristo lemos: Não dorme nem adormece o vigia de Israel (Sl 121,4). Por isso, pois, disse: Eu durmo, mas meu coração vigia. No sono da sua morte, de fato, ele dormiu segundo a carne, mas com sua divindade percorria os infernos, para arrancar o homem que ali era mantido prisioneiro. O nosso Senhor e Salvador quer visitar todos os lugares para ter piedade de todos. Do céu desceu à terra para visitar o mundo: da terra, em seguida, desceu aos infernos para iluminar os que lá estavam presos, segundo o que diz o profeta: Uma luz se levantou para vós que estais nas trevas e na sombra da morte (cf. Is 9,2). É justo, pois, que seja chamada "vigília do Senhor" essa noite em que ele iluminou não só este mundo, mas também aqueles que estavam entre os mortos" (*Serm. XVI para a grande noite*: SCh. 154, p. 259).

Em dois sentidos, como se vê, a vigília pascal é "vigília do Senhor": primeiro, porque o sono da morte do Senhor procurou a vigília, isto é, a vida para todos; segundo, porque enquanto a sua humanidade "dormia" na morte, a sua divindade – seu coração! – vigiava, estava viva. O mistério pascal aparece, ainda uma vez, ancorado no mistério cristológico, isto é, na estrutura da pessoa de Cristo, homem e Deus. Porque Cristo era Deus e homem, ele podia ao mesmo tempo dormir e vigiar, morrer e estar vivo: dormir como homem e vigiar como Deus, sofrer a morte como homem e dar a vida como Deus.

Há pouco eu falava da homilia do bispo. Ela era um resumo de toda a história da salvação e, mais particularmente, de toda a vida e de todo o mistério de Cristo, da encarnação à ascensão ao céu. É fácil compreender o porquê. Fora da Páscoa não existiam então outras festas no ano, nem mesmo o Natal, que só aparece no início do IV século; tudo estava concentrado na Páscoa. A Páscoa era uma celebração sintética, no sentido de que todos os eventos pascais eram celebrados juntos, na sua unidade dialética de morte-vida, como um único mistério, de modo inclusivo.

A partir do IV século, essa celebração sintética foi substituída por uma celebração analítica ou historicizada, uma celebração que distribui os acontecimentos, celebrando-os cada um no dia em que historicamente ocorreram (a instituição da Eucaristia na quinta-feira santa, a paixão na sexta-feira, a ressurreição no domingo, a ascensão no quadragésimo dia etc.). Em pouco tempo, faz-se a passagem da "festa" de Páscoa, para o "ciclo pascal" que abrange, antes da Páscoa, a quaresma, a semana santa, o tríduo pascal e, depois da Páscoa, a oitava, a ascensão e o Pentecostes. Essa espécie de fragmentação da festa unitária em tantas festas, entre si unidas, respondia certamente à necessidade de maior espaço para distribuir o rico conteúdo da Páscoa e para conceder aos catecúmenos e aos neófitos uma completa catequese pré-batismal e mistagógica. Tal processo, porém, foi favorecido também por um fator externo, ou seja, pelo difundir-se, por toda a cristandade, dos ritos em uso em Jerusalém, onde os peregrinos gostavam de recordar cada particularidade da paixão de Jesus no lugar e no momento preciso em que acontecera a primeira vez. A vigília pascal conservou por longo tempo o seu lugar central, como celebração unitária de todo o mistério de morte e ressurreição e de espera da vinda de Cristo; todavia, com o passar do tempo, tal tendência de distribuir e diluir o conteúdo da festa em tantos ritos e dias diversos prejudicou a Páscoa, fazendo-a perder muito da sua primitiva força, que procedia da grande concentração teológica que se realizava nela.

2. O significado teológico da Páscoa

Enquanto acontecia essa evolução dos ritos pascais – graças em grande parte a um processo espontâneo e criativo em ato em toda a cristandade, a teologia, por sua parte, desenvolveu uma intensa reflexão sobre a índole dos ritos, isto é, sobre a natureza mesma da ação litúrgica. As conquistas dos Santos Padres, nesse campo, plasmaram toda a sucessiva teologia sacramentaria da Igreja que nem sempre, para dizer a verdade, soube manter a concretude e o sopro espiritual. É a ela, por isso, que é oportuno referir-se cada vez que se quer renovar e reavivar em profundidade o culto cristão, mais que às especulações posteriores dos comentaristas dos Santos Padres (ainda que estas não possam naturalmente ser ignoradas).

Falava, pois, da reflexão teológica desenvolvida pelos Santos Padres ao redor da natureza do culto cristão. Procuro resumir seu ensinamento, recolhendo-o ao redor de duas perguntas fundamentais: que relação existe entre liturgia e história? Que relação existe entre liturgia e graça?

A relação liturgia e história. O problema pode ser colocado também nos seguintes termos: em que relação está a Páscoa da Igreja com a Páscoa de Cristo? A Páscoa da Igreja – foi dito – "prolonga" e "perpetua' nos séculos a Páscoa de Cristo; mas essa é uma resposta ainda muito vaga e genérica. O que significa "prolonga" e como a "prolonga"? É, no fundo, o mesmo problema que se põe, em nossos dias, a propósito da relação entre sacrifício da cruz e sacrifício da Missa, e que tanta importância adquire no âmbito do diálogo ecumênico com os protestantes.

Agostinho, num dos seus discursos pascais mais profundos e belos, diz: "Nós, irmãos, sabemos e cremos com fé seguríssima que Cristo morreu uma só vez por nós, Ele justo pelos pecadores, Ele Senhor pelos servos... como diz o apóstolo: *Ele foi entregue por causa das nossas faltas e ressuscitou para nossa justificação* (Rm 4,25). Sabeis perfeitamente que tudo isso aconteceu uma só vez e toda via a solenidade periodicamente o renova, como se repetisse mais vezes aquilo que a história proclama, com tantos testemunhos da Escritura, ter acontecido uma única vez. Nem, de outra parte, verdade histórica e solenidade estão entre si em contraste, como se a segunda fosse falaz e a primeira apenas correspondesse à verdade. Daquilo que, de fato, a história afirma ter acontecido, na realidade, uma só vez, disso a solenidade renova a celebração, frequentemente, nos corações dos fiéis. A história revela que aconteceu e como aconteceu; a solenidade faz com que o passado não seja esquecido; não no sentido que o realiza, mas no sentido que o celebra. Enfim, *Cristo, nossa Páscoa, foi imolado* (1Cor 5,7). Ele certamente foi morto uma única vez e *não morre mais, nem a morte tem mais poder sobre Ele* (Rm 6,9). Por isso, segundo a história, dizemos que a

Páscoa aconteceu uma só vez e não se repetirá mais; ao contrário, segundo a solenidade, dizemos que cada ano a Páscoa acontece... A esta última pertence a luminosa solenidade dessa noite, na qual, vigiando, mediante a recordação de nossa mente, operamos, por assim dizer, a ressurreição do Senhor. Esta, mesmo se acontecida uma vez só, é por nós confessada com maior verdade quando de novo a evocamos à mente. Aqueles, pois, que o anúncio da verdade histórica os tornou instruídos, não seja jamais o abandono da solenidade que os faça irreligiosos" (*Serm*. 220, PL 38, 1089).

A relação entre a Páscoa de Cristo e a Páscoa da Igreja é vista aqui como *relação entre evento e sacramento*, entre história e liturgia da história, entre o *semel* e o *quotannis*. Os verbos usados por Agostinho são empenhativos; diz que o sacramento, ou a liturgia, *iterat*, *renovat* o evento. Ele, todavia, precisa bem o sentido deste "repetir" e "renovar"; não se trata de um sentido que destrói a unicidade e, portanto, a historicidade dos eventos salvíficos, fazendo-os recair na categoria dos eventos cíclicos, ou em repetição, típicos do pensamento grego (contra essa eventualidade fala o mesmo Agostinho em *De civ. Dei* XII; 13.17.20 e Gregório Naz., *Ep*. 101; PG. 37, 192A). Trata-se, de fato, de uma repetição que acontece em outro plano: não o plano da história, mas o plano da liturgia, não do acontecimento, mas da celebração. A liturgia "celebra" a história, onde "celebra" tem um sentido muito forte e equivale a "manter viva", "atualizar", "tornar presente". Em outras palavras, o memorial litúrgico é memorial e presença em conjunto; por isso o evento torna-se contemporâneo a nós e nós ao evento.

Quando a liturgia é celebrada neste nível de conhecimento e de fé, ela envolve e conduz a mente para o evento; faz exclamar como exclamavam, de fato, os hebreus durante a ceia pascal: Nós estávamos lá, naquela noite! Nós, pois, passamos, não só os nossos pais! (cf. Pesachim, X, 5). "Ontem era crucificado com Cristo, exclama São Gregório Nazianzeno em uma oração pascal, hoje sou glorificado com ele. Ontem morria com ele, hoje sou como ele vivificado. Ontem era sepultado com ele, hoje sou com ele ressuscitado" (*Or. In S. Pascha* I, 4; PG. 36, 397B). Também o sacramento torna-se, assim, um evento, mas um evento espiritual, não um evento histórico. Recordo a primeira Páscoa celebrada em sua forma renovada nos anos 50: foi para mim, na verdade, um evento espiritual; parecia-me ter celebrado a Páscoa pela primeira vez em minha vida; estivera finalmente "aprisionado" pela liturgia; quando chegou o domingo da ressurreição sentia ter passado, como Jesus, através da sexta-feira da paixão e à espera no túmulo do sábado santo. Tudo parecia mais luminoso, até o som dos sinos.

Nem tudo, porém, estava resolvido com a distinção entre evento e sacramento. Se, como afirma toda a tradição antiga, a Páscoa da Igreja consiste essencialmente na Eucaristia, punha-se o problema: que relação há entre a Eucaristia que se celebra todo domingo e a Páscoa que se celebra uma só vez ao ano? Esse era um problema novo, próprio do cristianismo; a liturgia hebraica conhecia só um memorial anual da Páscoa, não um memorial semanal. Em alguns setores da cristandade, especialmente entre os gregos, o desejo de distinguir o mais possível a Páscoa cristã da Páscoa hebraica (também por causa de divergências entre hebreus e cristãos sobre a data pascal) levou a acentuar a tal ponto a Páscoa semanal e cotidiana a ponto de diminuir a importância da solenidade anual. "A Páscoa, escreve Crisóstomo, faz-se três vezes na semana, de vez em quando até quatro vezes, ou cada vez que se quiser... A Páscoa, de fato, não consiste no jejum, mas na oblação que se faz em cada reunião eucarística... Por isso, cada vez que te aproximas com consciência pura, tu fazes a Páscoa" (*Adv. Jud. hom.* III, 4; PG 48, 867).

Essa, porém, era uma solução excessiva que, tomada literalmente, já não salvava o significado da festa anual de Páscoa e, pelo contrário, destruía a ideia mesma de "solenidade", entendida como celebração coral e unitária de toda a Igreja do evento da salvação, num clima de particular alegria. Uma solução mais equilibrada é a de Agostinho: "Não devemos considerar estes dias de Páscoa tão extraordinários a ponto de já não darmos importância à memória da paixão e da ressurreição que fazemos quando nos alimentamos cada dia do seu corpo e do seu sangue. Todavia, a presente solenidade tem o poder de com maior clareza evocar os fatos na mente, de excitar maior fervor e alegrar mais intensamente porque, retornando de ano em ano, por assim dizer, mostra-nos visivelmente a lembrança do evento" (*Ser. Wilmart* 9, 2; PLS 2, 725). Depois de ter aclarado tão bem a relação entre o *semel* e o *quotannis* (isto é, entre história e liturgia), Agostinho, desse modo, esclarece também a relação entre o *quotannis* e o *quotiescumque*, isto é, entre Páscoa anual e Páscoa cotidiana. A Páscoa de Cristo prolonga-se na Igreja com três ritmos diversos de frequência: com um ritmo anual, que é a festa da Páscoa; com um ritmo semanal, que é o domingo; com um ritmo cotidiano, que consiste na celebração diária da Eucaristia.

A festa anual distingue-se da simples Eucaristia cotidiana ou semanal *ratione solemnitatis*. Aquilo, de fato, que se celebra uma vez ao ano, no retorno periódico do evento comemorado, põe mais em relevo a relação existente entre o sacramento e o evento, exaltando assim o significado mesmo da ação litúrgica, e, rompendo a monotonia do ritmo cotidiano, impressiona mais intensamente as faculdades do homem. Essa explicação entrou para o patrimônio comum, tanto da Igreja oriental como da ocidental: ambas, de fato, consideram o domingo como a "pequena Páscoa", e a festa anual como a "grande Páscoa".

A relação liturgia e graça. A relação entre liturgia e graça é outro modo de formular a relação liturgia-história. De fato, a graça de que aqui se fala não é uma graça atemporal e a-histórica, mas é literalmente "a graça de Nosso Senhor Jesus Cristo", isto é, a salvação operada historicamente por Jesus na sua morte e ressurreição. E, todavia, os dois problemas respondem a duas perspectivas e a duas sensibilidades diversas. Tanto isso é verdade que os latinos, especialmente Agostinho, acentuam mais a relação horizontal, que liga a liturgia à história e o sacramento ao evento. Já os orientais, especialmente o Pseudo-Dionísio, mais sensíveis à influência platônica, demonstram maior interesse pela perspectiva vertical, que liga o sacramento à graça, o rito litúrgico à vida supraterrena.

No primeiro caso, a liturgia é sobretudo memorial; no segundo, é sobretudo mistério. Interrogar-nos sobre a relação entre liturgia e graça significa, por isso, interrogar-nos sobre o conteúdo mistérico da Páscoa. Aqui se admira a riqueza da grande tradição mistagógica da Igreja oriental, representada por Cirilo de Jerusalém, Gregório Nazianzeno, Máximo Confessor e outros. Essa tradição encontrou uma esplêndida síntese na obra posterior de Nicolau Cabasilas, *A vida em Cristo*. Aquilo que Cabasilas diz dos "mistérios", isto é, do Batismo, da Crisma e da Eucaristia vale, tomado globalmente, da Páscoa, na qual todos esses sacramentos da iniciação se encontram reunidos.

Ele parte do pressuposto simplicíssimo, mas decisivo, de que "a vida eterna" (ou vida nova" ou "vida em Cristo") não pertence apenas ao futuro, mas também ao presente, no sentido em que Santo Tomás diz que a graça é o início da glória (*S. Th.* II-II^{ae}, q. 24, 3,2). Portanto, afirma, "os mistérios" são as fontes e as portas através das quais essa "vida eterna" irrompe agora na Igreja, são como que as janelas através das quais "o sol de justiça entra neste mundo tenebroso, submete à morte a vida segundo o mundo e faz surgir a vida supramundana" (N. Cabasilas, *Vita in Cristo*, I, 3; PG 150, 504). Tudo isso acontece por força do princípio que a tradição resumiu na fórmula tão conhecida: "significando causam". Escreve textualmente Cabasilas: "enquanto representamos com símbolos, como que *em imagem*, a morte verdadeira sofrida por Cristo para a nossa vida, ele *na realidade* nos renova, recria e torna participantes da sua vida. Assim, representando a sua sepultura e anunciando a sua morte nos sacros mistérios, em virtude deles, somos gerados, plasmados e divinamente unidos ao salvador" (I, 3; PG 150, p. 501).

Nesse "salto" misterioso dos símbolos à realidade está o caráter "mistérico", sobrenatural e gratuito da ação sacramental. Por si, a celebração litúrgica não faz senão apresentar "sinais" ou símbolos daquilo que se realizou realmente e uma vez por todas em Cristo. E, Contudo, aquilo que dela emana transcende a ordem dos símbolos e pertence à realidade. "Aquilo que realizamos, escreve Cirilo de Jerusalém, é imagem (*homoiona*) da morte e dos sofrimentos; a salvação, porém, não a conseguimos em imagem, mas em verdade" (*Catech. mystag.* II, 7; PG 33, 1084).

Essa concepção mistérica da liturgia acentua ao máximo a obra de Deus; é Cristo o verdadeiro protagonista da salvação, ele o lutador na arena; nós somos como "espectadores" que fazem a torcida por ele, que aclamam e exaltam o vencedor, merecendo, por isso mesmo, a mesma coroa do vencedor. "A nossa contribuição consiste apenas em acolher a graça, em não dissipar o tesouro, em não apagar a lâmpada já acesa, isto é, em não introduzir nada que seja contra a vida, nada que produza a morte" (I,2; PG 150,501). Na realidade, porém, nesta "contribuição" há espaço para todo o empenho moral do cristão, tanto que uma inteira seção de obra de Cabasilas é dedicada à prática das bem-aventuranças evangélicas, prática que é vista como condição para "guardar a vida em Cristo recebida pelos mistérios".

3. Como encontrar o Senhor na liturgia pascal

Tracei um quadro histórico um pouco amplo do desenvolvimento da liturgia e da teologia pascal, mas não gostaria de parar nele. Os Santos Padres não elaboram apenas uma teologia da liturgia pascal, mas também *uma espiritualidade da liturgia pascal*. Eles nos deixaram modelos de celebrações litúrgicas vibrantes de fé e fervor, que podem ajudar-nos a pôr nova vida em nossas celebrações, fazendo delas um verdadeiro encontro comunitário com o Senhor ressuscitado.

Pois bem, o ponto central é propriamente este: como fazer de uma liturgia, e em particular da liturgia pascal, um encontro com o Senhor morto e ressuscitado por nós, vivente hoje na Igreja com o seu Espírito? Dos escritos dos Santos Padres emerge uma singular experiência espiritual: a da *epifania cultual de Cristo*. Trata-se de uma manifestação tão forte e viva do Senhor durante o culto, especialmente durante a vigília pascal, que leva os fiéis a dizer, ao término da assembleia, aquilo que disseram os discípulos depois da ressurreição: *Vimos o Senhor!* (Jo 20,25).

Numa célebre homilia pascal do II século, em certo ponto o bispo deixa de falar e empresta sua voz ao Ressuscitado, que se dirige em primeira pessoa à assembleia, como o fez no cenáculo na noite de Páscoa:

> "Sou eu, diz o Cristo.
> Sou eu que destruí a morte...
> que triunfei sobre o inimigo.
> Ânimo, pois, vinde, vós todos
> os povos da terra, imerso nos pecados:
> recebei a remissão dos pecados.
> Sou eu, de fato, a vossa remissão,
> sou eu a Páscoa da salvação".
> (Melitão de Sardes, *Sobre a Páscoa*, 102-103; SCh 123, p. 122)

Compreende-se como Santo Ambrósio tenha podido dizer: "Tu te mostraste a mim, ó Cristo, face a face. Eu te encontrei nos teus sacramentos" (*Apol. David*, 58;

PL 14, 875). Exemplos desse gênero poder-se-iam multiplicar. O *exultet* pascal, com aquele grito de júbilo que começa com as palavras "O Felix culpa!", dá-nos uma ideia de como deveriam ser essas antigas celebrações pascais, quanto entusiasmo e quanta esperança eram capazes de suscitar entre os fiéis. Se apenas ouvindo entoar hoje o *exultet*, na vigília pascal, sentimos percorrer-nos um frêmito quase sobrenatural, imaginemos como deveria ser quando ressoou, pela primeira vez, numa assembleia reunida ao redor do seu bispo. Vem à mente também um discurso feito por Agostinho durante uma vigília pascal, que nos dá a impressão de que, a certa altura, o bispo e o povo saboreiam antecipadamente a Páscoa da Jerusalém celeste: "Quanta alegria, irmãos! Alegria de estar reunidos; alegria de cantar os salmos e hinos; alegria da recordação da paixão e da ressurreição de Cristo; alegria da esperança da vida futura. Se tanta felicidade dá a simples esperança, que será a posse? Nesses dias, ao sentir ressoar o Aleluia, o nosso espírito como que se transfigurou. Não nos parece saborear um não sei que daquela cidade divina? (*Ser. Morin-Guelf*, 8, 2; PLS, 2, 557). Compreende-se como os fiéis que tinham a sorte de ter tais pastores e tais liturgias esperassem com santa impaciência a chegada da vigília pascal, "mãe de todas as santas vigílias", e dissessem um ao outro aquelas palavras chegadas até nós: "Quando será a vigília? Dentro de quantos dias será a vigília?" (cf. Santo Agostinho, *Serm.* 219 e *Ser. Morin-Guelf.* 5,2; PL 38, 1088; SCh 116, 213).

Qual era o segredo dessa extraordinária força dos ritos? Penso que uma razão seria, sem dúvida, a fé e a santidade dos pastores. Todavia, misérias havia também na época, nem todos os bispos eram santos ou poetas. Com então? É que deixavam um espaço muito grande *à ação do Espírito Santo,* luz dos ritos e alma da liturgia. De Melitão de Sardes, já lembrado mais vezes, lemos que em tudo "agia no Espírito Santo" (em Eusébio, *Hist. eccl.* V, 24, 5). São Basílio diz que o Espírito Santo é o lugar da doxologia, isto é, o lugar ideal ou o templo em que, de maneira única, podemos contemplar Deus e adorá-lo "em Espírito e verdade"; ele é "o maestro do coro" daqueles que cantam os louvores de Deus; é ele que "sustenta" a Igreja durante o rito, para que possa estar dignamente diante do seu Senhor (cf. *De Spirit. S.* 26; PG 32, 181s. e *Anáfora* de São Basílio).

Jesus ressuscitado "vive pelo Espírito" (1Pd 3,18); só o Espírito Santo, por isso, pode torná-lo presente e fazer que se manifeste por trás dos ritos e das palavras. Só o Espírito Santo pode fazer cair o véu dos olhos e do coração e fazer reconhecer Jesus enquanto se fala dele e se parte o seu pão. Saindo da assembleia litúrgica, é ele que impele a voltar para os irmãos, como fizeram os discípulos de Emaús, e a dizer a eles: Jesus está vivo! Nós o reconhecemos no partir o pão!

Que impede que o Espírito Santo seja ainda hoje o guia invisível dos ritos, no qual os olhos de todos se fixem, muito mais do que na orientação externa do cerimoniário? Que impede esperar que se possa renovar, na Igreja de hoje, aquele milagre da liturgia de fazer--nos encontrar o Cristo ressuscitado, que vive com o seu Espírito na Igreja? No tempo dos Santos Padres, essa ação do Espírito Santo no desenvolvimento dos ritos era certamente facilitada pelo fato de nem tudo estar rigidamente fixado antecipadamente, mas haver um espaço aberto à inspiração do momento, à novidade e à imprevisibilidade do Espírito, especialmente quando era o bispo que presidia a liturgia.

Mas as condições essenciais para esse milagre também agora estão presentes na Igreja. Aliás, são hoje melhores que no passado, depois que a reforma litúrgica reconduziu os ritos pascais ao esplendor e à simplicidade da sua forma primitiva e à língua do povo (os Santos Padres não usavam o grego ou o latim por ser língua universal, mas porque era a "sua" língua, a língua do Povo!). É preciso apenas pôr nestes "odres novos", que são os ritos renovados da Páscoa, o vinho sempre novo da fé e do Espírito Santo. Os sacerdotes que presidem a liturgia podem ser nisso de grande ajuda à assembleia: olhando-os, os fiéis deveriam poder perceber que a cútis do seu rosto está radiante por causa do colóquio com Deus, como era a de Moisés (cf. Êx 34,29).

Que o Senhor nos conceda poder dizer também, saindo dos ritos da Páscoa, aquilo que os primeiros discípulos disseram a Tomé ausente 'Nós vimos o Senhor!"

5
"FELIZ CULPA"

O mistério pascal na liturgia (II)

1. Páscoa e catequese mistagógica

Nos primeiros séculos da Igreja existiu uma forma de catequese, a mais nobre, que se chama "catequese mistagógica", isto é, de introdução aos mistérios. Era costume que fosse feita depois e não antes do batismo, e feita pessoalmente pelo bispo.

Santo Ambrósio apresenta duas motivações que são a base desse tipo de catequese. A primeira é a *motivação pedagógica*: o que é revelado de improviso, depois de ter sido esperado por muito tempo, atinge mais e fica mais vivamente impresso do que o que é revelado pouco a pouco, num espaço de tempo mais longo. A segunda é a *motivação prudencial*: revelar os santos mistérios a pessoas que ainda não pertencem à Igreja significaria expor esses mistérios ao perigo de profanação. "Agora, escreve, o tempo convida-nos a falar dos mistérios e a explicar a natureza dos sacramentos. De fato, se tivéssemos achado conveniente deixar que, antes do batismo, alguém ainda não iniciado participasse, estaríamos mais traindo um segredo do que transmitindo um ensinamento. Em segundo lugar, a luz dos mistérios costuma penetrar mais quando vem de improviso, mais do que quando é precedida de muitas explicações" (*De myst.* 1; CSEL 73, p. 89).

O específico dessa catequese, que explica seu extraordinário fascínio, estava no fato de ela conter uma síntese entre verdade e experiência, entre conhecimento abstrato e conhecimento concreto, sensível. Durante a preparação para o batismo, os catecúmenos tinham aprendido as verdades da fé e conhecido os acontecimentos da história da salvação; e assim, no momento do batismo, tinham passado pelos ritos de iniciação. Agora, pela primeira vez acontecia, por assim dizer, um curto-circuito entre as duas coisas. Revelava-se o nexo existente entre os acontecimentos históricos realizados por Cristo e os ritos litúrgicos. Nos ritos de iniciação, a realidade era esclarecida por meio de imagens, e isso despertava e inflamava a fé e o entusiasmo.

Santo Agostinho explica assim o fenômeno: "Tudo isso, que se sugere mediante símbolos, atinge e inflama o coração muito mais vivamente do que poderia fazer a própria verdade se apresentada sem os misteriosos revestimentos das imagens... A nossa sensibilidade é lenta no inflamar-se enquanto está ligada a realidades puramente concretas; mas, se é orientada por símbolos tirados do mundo corpóreo e transportados para o plano das realidades espirituais significadas por tais símbolos, por essa simples passagem, adquire vivacidade e se inflama muito mais, como uma tocha em movimento" (*Epist.* 55, 11, 21; CSEL 34, p. 192).

Na catequese mistagógica acontecia algo semelhante. A verdade da fé, universal e remota, vinha percebida de modo concreto e pessoal, graças à lembrança ainda viva da água no corpo, do óleo na cabeça e da própria veste branca que trajavam. A fé mais viva é a que nasce ao mesmo tempo do ver e do ouvir. São Cirilo de Jerusalém ressalta: "Também no passado, dizia ele aos neófitos, desejava falar-vos destes mistérios espirituais e celestes. Mas, como eu sabia que se crê mais pelo que se vê do que pelo que apenas se ouve, esperei por este momento. Agora que a experiência vos fez mais aptos a compreender o que vos será dito, poderei levar-vos ao prado esplêndido e perfumado deste paraíso" (*Cat. Mistag.* I, 1; PG 33, 1.066).

O específico da catequese mistagógica, que a distingue de qualquer outro tipo de catequese, não é, pois, o fato de relacionar entre si figuras e realidades, isto é, os tipos do Antigo Testamento com as realidades cristãs. Isso constitui o elemento tipológico, comum a toda a catequese patrística. Basta confrontar entre si as catequeses pré-batismais atribuídas ao próprio São Cirilo com as suas cinco catequeses mistagógicas para perceber que a explicação tipológica está bem mais presente nas primeiras que nas outras. O específico da catequese mistagógica consiste numa outra relação que inclui a precedente como parte. Precisamente na relação que é estabelecida entre os *eventos* da história da salvação – antes prefigurados e depois realizados, isto é, figuras e realidades ao mesmo tempo – e os *ritos* que agora tornam operantes e renovam esses mesmos eventos. Com outras palavras: consiste na explicação do rito realizado entendendo, porém, por "explicação não uma interpretação qualquer pessoal alegórica ou edificante, mas o nexo eficaz que existe entre tal rito e evento. É o princípio que a teologia sacramentária latina expressou com o célebre axioma: "Significando causant", enquanto significam, causam, ou, causam o que significam. Reproduzindo em imagem a morte e a ressurreição de Cristo, nós conseguimos não apenas a *imagem* da salvação, mas também a sua *realidade*.

O esquema usado para a catequese mistagógica aos neófitos é simples. O bispo lembrava um por um os ritos recebidos; e então fazia a pergunta: "Que significa este rito?" "Realizamos, sábado passado, o rito da "abertura" quando o bispo tocou seus ouvidos e suas narinas. Que significa isso?" (Santo Ambrósio, De sacr. I, 2s; CSEL 73, p. 15s.). E segue a explicação ou a revelação do mistério contido no rito e a sua relação com o gesto de Jesus quando disse ao surdo-mudo: "Efetá!, Abre-te!".

A mistagogia pascal hebraica

É importante notar que esse esquema nasce com a Páscoa. *Quando*, lê-se no livro do Êxodo, *os filhos vos perguntarem: que significa este rito?, respondereis: é o sacrifício da Páscoa do Senhor, que salvou as casas dos israelitas no Egito, quando feriu os egípcios e salvou nossas casas* (Êx 12,26-27). Temos aqui a explicação de alguns ritos e sinais relacionando-os com acontecimentos do passado, feita no quadro de uma liturgia de iniciação ou de comemoração. Temos, pois, uma catequese mistagógica. A referência ao acontecimento consiste, nesse caso, em lembrar a salvação operada por Deus na ocasião da saída do Egito.

A história da Páscoa hebraica permite-nos fazer uma importante constatação. No judaísmo mais tardio, e em Particular na época do Novo Testamento, existem dois modos muito diversos de interpretar e celebrar a

Páscoa. Um é próprio do judaísmo palestinense, ligado ao templo e ao sacerdócio; o outro, próprio do judaísmo da diáspora, que conhecemos graças a Fílon Alexandrino. No primeiro, conserva-se o caráter mistagógico da celebração pascal, possível devido à presença de uma liturgia pascal, do sacerdócio e do templo; no segundo, perde-se e desaparece esse caráter. Paralelamente notemos que, enquanto a Páscoa litúrgica palestinense conserva um caráter fortemente histórico-salvífico (o protagonista é Deus que passa e salva, e o rito torna operante o evento), a Páscoa helenística da Diáspora toma um caráter prevalentemente moral. O protagonista é o homem, e a Páscoa consiste no passar dos vícios à virtude, do sensível ao espiritual.

Dois textos serão suficientes para ilustrar essas duas concepções da Páscoa no judaísmo. O primeiro, ainda que remonte ao ano 70 d.C., reflete a Páscoa litúrgica do judaísmo palestinense, aquela que Jesus celebrou com seus apóstolos durante sua vida. Diz: "Rabi Gamaliel costumava afirmar: Quem não tiver pronunciado na Páscoa três palavras não terá cumprido a sua obrigação". Essas três palavras são *Pesach* (Páscoa), *Matsach* (Ázimos) e *Maror* (Ervas amargas). *Pesach* que os nossos pais comeram quando ainda existia o templo. Por quê? Por este motivo: Porque Deus "passou por cima" das casas de nossos pais... *Matsach*, este pão ázimo, por que o comemos? Por este motivo: porque faltou aos nossos pais tempo para fermentar a massa... *Maror*, estas ervas amargas, por que as comemos? Por este motivo: porque os egípcios amarguraram a vida de nossos pais no Egito" (*Pesachim*, X, 5).

Como vemos evocam-se, mediante palavras-chave, os principais ritos pascais e a cada um se dá a explicação introduzida pela pergunta canônica: "Por que fazemos isto?"

O realismo mistérico, pelo qual se causa aquilo que é significado, vem expresso nas palavras com as quais se conclui o mesmo texto: "Em todas as gerações cada um deve considerar-se como se ele pessoalmente tivesse saído do Egito".

Eis agora um texto de Fílon, que reflete a concepção moral da Páscoa: "Para aqueles que estão habituados a transformar em alegoria as coisas narradas (a história!), a festa da Passagem significa a purificação da alma. Esses, na verdade, afirmam que quem ama a sabedoria está apenas interessado em passar do corpo e das paixões para as virtudes" (*De congr.* 106). Também aqui a Páscoa é vista como símbolo de alguma outra coisa; trata-se, porém, de um simbolismo bem diverso do litúrgico e ritual. Não é o rito pascal, a ceia, que é sinal do evento histórico, da passagem de Deus e da saída do Egito, é o próprio fato histórico que é símbolo de uma ideia eterna e de um fato espiritual. O protagonista dessa Páscoa, quem faz a passagem, não é Deus, mas o homem. O fato mistérico é substituído pelo fato ético.

A mistagogia pascal cristã

Passemos agora para a Páscoa cristã. Nela, a partir do século II, notamos a mesma polaridade entre uma Páscoa mistérica e uma Páscoa ética. Existem ambientes e autores, nos quais prevalece uma catequese mistagógica da Páscoa, e ambientes e autores, nos quais prevalece outro tipo de catequese, a moral e espiritual.

De cunho mistagógico são as mais antigas homilias pascais chegadas até nós, especialmente as de matriz quartodecimana. De cunho moral e espiritual é a catequese pascal de Orígenes, ou por ele influenciada: "Os fatos históricos, escreve Orígenes, não podem ser figuras de outros fatos históricos, nem as coisas corporais de outras coisas corporais; mas as coisas corporais são figuras de coisas espirituais, e os fatos históricos são figuras de realidades inteligíveis" (*Comm. in Ioh.* X, 110; GCS 4, p. 189). A relação "horizontal" da catequese mistagógica (ritos – acontecimentos históricos da salvação) é abolida ou declarada secundária diante da relação "vertical": de uma parte, acontecimentos históricos e ritos sacramentais; da outra, realidades inteligíveis.

Também essa segunda catequese de tipo moral tem os seus valores indiscutíveis e, muitas vezes, atinge alturas de verdadeiro misticismo, mas não é a mesma coisa que catequese mistérica. Ela acentua mais o trabalho e o esforço do homem, e não a iniciativa gratuita e preveniente de Deus em Cristo, da qual nos devemos apropriar mediante a fé e os sacramentos. Ela também tem por finalidade "introduzir nos mistérios"; só que "mistérios" (*sacramenta*) têm aqui um sentido diverso. Não é tanto o mistério como algo ligado à história da salvação e aos ritos sacramentais; "mistérios" são principalmente os "significados profundos", ou os "mistérios do século futuro" que atingimos ultrapassando a letra (cf. Orígenes, *In Num*. Hom. 23, 6; GCS 7, p. 218).

Essa introdução sobre mistagogia pascal tinha um escopo prático e pastoral: mostrar como a liturgia pascal, e em particular a vigília, compreendida e vivida em plenitude, constitui ainda hoje a grande catequese mistagógica do ano, a ocasião única para introduzir os fiéis na profundidade inexaurível do mistério cristão.

Um texto patrístico, em que já ressoam os acentos do *exultet*, diz que a noite de Páscoa é a "ninfagoga da Igreja", aquela que introduz a esposa na casa do esposo e a faz participante de sua herança:

> "Ó noite, anseio do ano,
> ó noite, ninfagoga da Igreja,
> ó noite, mãe dos neófitos,
> ó noite, na qual o herdeiro
> introduziu a herdeira em sua herança!"
> (Astério Sofista, *Homilia sobre o Sl 5*, 6,4; in *Asterii Sophistae quae supersunt*, Oslo 1956, p. 77)

Para descobrir essa nova dimensão catequética e mistagógica da Páscoa, voltemos um instante nossa atenção para os textos da vigília pascal e, em primeiro lugar, ao Precônio pascal, o *exultet*, "essa obra-prima, sem igual na lírica cristã, que representa para o fiel a descoberta do mistério da Páscoa, a proclamação do triunfo universal de Cristo e do absoluto da redenção" (B. Capelle). O *exultet*, em clave lírica, é uma verdadeira catequese mistagógica sobre a Páscoa. Parte dos ritos e dos sinais concretos – a noite, a vigília, o acender do círio – desvendando seu significado profundo à luz das figuras do Antigo Testamento e das realidades do Novo.

Procuremos recolher o riquíssimo conteúdo teológico do texto em torno a dois pontos principais: primeiro, a Páscoa como cumprimento de toda a história da salvação; segundo, a Páscoa como renovação do mundo.

Na antiguidade, durante a semana depois da Páscoa, os neófitos, cheios de alegre ansiedade, voltavam à Igreja, vestidos de branco, para receber do bispo em pessoa a sua iniciação nos grandes mistérios da fé. A maioria dos cristãos de hoje, tendo recebido o batismo em circunstâncias muito diferentes, não teve a sua catequese mistagógica. Se quisermos, essa é uma ocasião para suprir essa falta. Voltemos a ter um coração de neófitos; não uma semana, mas anos ou dezenas de anos depois de nosso batismo voltemos aos pés da mãe Igreja, para contemplar com novos olhos o esplendor dos mistérios de nossa fé. Como crianças recém-nascidas, procuremos ansiosamente também nós o puro leite espiritual, para crescer rumo à salvação (cf. 1Pd 2,2).

2. "Esta é a noite": a Páscoa, cumprimento da história da salvação

"Pois eis agora a Páscoa, nossa festa,
em que o real cordeiro se imolou
marcando nossas portas, nossas almas,
com seu divino sangue nos salvou.
Esta é, Senhor, a noite em que do Egito
retirastes os filhos de Israel,
transpondo o mar Vermelho a pé enxuto,
rumo à terra onde correm leite e mel.
Ó noite em que a coluna luminosa
as trevas do pecado dissipou,
e aos que creem em Cristo em toda a terra
em novo povo eleito congregou!
Ó noite em que Jesus rompeu o inferno, ao
ressurgir da morte vencedor."

A leitura espiritual da Bíblia

Essas palavras, como todo o resto da liturgia pascal cristã, fazem-nos mergulhar na leitura espiritual da Bíblia. Fazem-nos ver logo em que ela consiste, não a explicando, mas praticando. Dizer: "Esta é, Senhor, a noite em que do Egito retirastes os filhos de Israel, transpondo o mar Vermelho a pé enxuto" significa dizer que aquele evento tinha em vista este, aquela Páscoa estava orientada para esta, que na Páscoa de Cristo aquela recebeu seu pleno significado e revelou todas as promessas que carregava.

A tradição cristã conhece, como o demonstrou o Pe. de Lubac, dois sentidos na Escritura: um sentido literal e outro espiritual. Esses dois sentidos relacionam-se entre si como o Antigo e o Novo Testamento. Sua relação, porém, é de um tipo particular. O segundo brota do primeiro sem renegá-lo. Não o destrói, mas completa, vivifica e renova. Transfigura-o quando o assimila. Não se trata de uma lenta evolução, mas de uma passagem repentina, de um *transfert* global, de uma mudança de registro pela qual tudo toma novo significado. É o "instante crítico" em que se passa do temporal para o eterno.

Tudo isso acontece no ato do sacrifício de Cristo, na "hora" da cruz, quando, referindo-se não só à sua vida, mas a todas as escrituras, Jesus exclama: *Consummatum est, tudo está consumado*! (Jo 19,30). A cruz é a chave universal de leitura, o momento em que o cordeiro abre o "livro selado com sete selos" (cf. Ap 5,1s.) que é o Antigo Testamento. É o limite que une e ao mesmo tempo distingue os dois Testamentos e as duas alianças. "Clara e rutilante, eis a grande página que separa os dois Testamentos! Todas as portas se abrem de uma vez, todas as contradições se resolvem" (P. Claudel; cf. H. de Lubac, *Exégèse Médiévale. Les quatre sens de L'Écriture*, I, 1, Paris 1959, p. 305-327).

Se comparamos toda a história da salvação com o desenrolar de uma Missa, a Páscoa de Cristo representa o momento da consagração, quando os sinais, o pão e o vinho, transformam-se no corpo e no sangue de Cristo. Como as espécies do pão e do vinho não são depreciadas e aviltadas pelo fato de se tornarem corpo e sangue de Cristo, mas ao invés são elevadas a uma dignidade altíssima, assim também as figuras do Antigo Testamento são sublimadas pelo fato de serem substituídas pela realidade que é Cristo. Um autor pascal antiquíssimo assim exprime essa súbita transformação:

> "A imolação da ovelha,
> o sacrifício do cordeiro
> e o escrito na lei
> cumpriram-se em Jesus Cristo,
> em vista do qual tudo acontece na antiga lei...
> A lei tornou-se Verbo;
> o antigo, novo...;
> o mandamento, graça;
> a figura, realidade
> e o cordeiro, o filho".
> (Melitão de Sardes, *Sobre a Páscoa*, 6-7; SCh 123, p. 62).

Às vezes, os Padres da Igreja foram longe demais nessa linha, como quando o mesmo autor acima citado compara a Páscoa antiga a um esboço de cera, argila ou madeira que se destrói uma vez que a obra de arte ou o edifício ficou pronto (cf. *ibidem*, §§ 36-37). Não é esse o verdadeiro significado da tipologia cristã, e aliás o próprio Melitão bem como os outro Santos Padres estavam bem longe de "jogar fora" o Antigo Testamento que, pelo contrário, valorizavam continuamente. O atual diálogo com o mundo hebraico ensinou-nos a ser mais atentos e respeitosos quanto ao valor perene do Antigo Testamento para os hebreus, mesmo independentemente da leitura cristã (cf. *"Notas sobre o modo correto de apresentar os judeus e o judaísmo na pregação e na catequese da Igreja católica"* publicadas pelo Pontifício Conselho para a Unidade dos Cristãos, em junho de 1985).

É verdade que a "letra mata" (2Cor 3,6), e continuar vendo nos acontecimentos do Antigo Testamento apenas o que significam antes e fora de Cristo, isso seria uma infidelidade contra a Escritura; do mesmo modo como seria uma infidelidade, depois da consagração, ver sobre o altar apenas o pão e o vinho. Mas a quem a letra mata? Os hebreus, os cultores do antigo pacto que, seguindo em boa consciência a fé de seus pais, se atêm às tradições recebidas e, com esse espírito, celebram todos os anos a antiga Páscoa? Não; mata os cristãos! Aqueles cristãos que, tendo a graça de conhecer o Cristo e de crer nele como o "fim da lei", continuam vendo no Antigo Testamento apenas a letra, reduzindo-o assim a um livro que interessa só para o estudo do desenvolvimento da história e da religião hebraica.

Não é a leitura tipológica ou espiritual dos Padres e da Tradição que põe em perigo o valor permanente do Antigo Testamento, mas sim a exegese histórico-crítica, quando se fecha em si mesma e rejeita qualquer valor profético ao Antigo Testamento bem como qualquer abertura ao sobrenatural e a Cristo. Foi justamente no apogeu desse novo método exegético, nascido do iluminismo, que, no começo do século passado, se chegou a uma total desvalorização do Antigo Testamento, afirmando-se até que o fosso existente entre a consciência hebraica e a cristã, entre as Escrituras hebraicas e as cristãs, era tão profundo como o que separa o paganismo do cristianismo (Schleiermacher). Na esteira de Hegel, para quem o cristianismo é a religião em sua forma absoluta, a religião hebraica como a pagã nada mais é do que um momento necessário e transitório na evolução para o absoluto. Sendo transitório, o Antigo Testamento é útil só em seu período, mas, superado seu estágio, mostra-se vazio. Esse superamento evolutivo ou "dialético" do Antigo Testamento é coisa bem diferente do que se procura na leitura espiritual ou tipológica. Esta, longe de rebaixar o Antigo Testamento, eleva-o ao máximo. A Páscoa cristã, longe de aviltar a Páscoa hebraica, valoriza-a. Não só a Páscoa codificada na Bíblia, mas também a vivida de fato e celebrada todos os anos pelo povo hebraico.

O coração teológico do exultet

Consideremos agora um pouco mais de perto que o *exultet* põe no centro daquele ato decisivo que sinala a passagem da figura à realidade, em que ele faça consistir propriamente a Páscoa de Cristo. É uma boa ocasião para verificar o que ficou de fato na liturgia de toda aquela rica discussão sobre o significado da palavra "Páscoa", acontecida nos primeiros séculos do cristianismo e que lembramos no primeiro capítulo.

A Páscoa, diz-se, é a festa "em que o real Cordeiro se imolou" (o que será repetido depois no Prefácio do dia de Páscoa). Com isso estamos na linha de 1Cor 5,7: *Cristo, nossa Páscoa, foi imolado*, como também na linha da antiga interpretação da Páscoa como *paixão*. Mas Páscoa é também o tempo em que Cristo "rompeu o inferno, ao ressurgir da morte vencedor". É por isso também a festa da "ressurreição". A par dessa dimensão *histórica* e cristológica da Páscoa, não falta também um aceno à tradição que explica a Páscoa como passagem *moral* do homem "dos vícios à virtude e do pecado à graça". A Páscoa, diz-se com razão, arranca os homens "dos vícios deste mundo e das trevas do pecado, e os restitui à graça".

Mas restrinjamos ainda mais nosso campo de observação. Que é que, em tudo isso, constitui o fulcro da salvação? Que é que dá à Páscoa de Cristo o significado absoluto e universal, que a faz suficiente para salvar todos os homens de todos os tempos? Encontramos a resposta nas palavras *redimere* (redimir), "redenção", "redentor", que nos levam diretamente ao coração da teologia do *exultet*. "De nada nos teria adiantado nascer, se não tivéssemos sido também redimidos". Jesus mesmo é definido "o grande e poderoso Redentor" (*talis ac tantus redemptor*, tal e tão grande redentor).

Sabe-se que é característico da teologia latina conceber a salvação, na linha de São Paulo, como redenção do pecado, tornada possível pela morte sacrificial de Cristo. Santo Agostinho, num de seus sermões pascais, havia dito: "Nós estávamos em débito, e tanto mais em débito quanto mais havíamos pecado. Veio ele sem débito, porque sem pecado; encontrou-nos esmagados por um juro pesado e, pagando pelo que não havia roubado (cf. Sl 69,5), livrou-nos misericordiosamente de um débito eterno. Tínhamos cometido a culpa, e o castigo esperava-nos quando ele, não sócio da culpa mas participante da pena, quis perdoar-nos ao mesmo tempo a culpa e a pena" (*Sermo* 216, 5; PL 38,1079). Santo Anselmo e depois Santo Tomás assumirão essa herança e dar-lhe-ão uma formulação, que se tornará clássica, com a teoria da satisfação vicária. O pecado violou os direitos de Deus. Exige-se uma expiação que repare a ofensa e restabeleça os direitos de Deus. Mas, porque a gravidade de uma ofensa não se mede pela pessoa do ofensor mas pela do ofendido, que neste caso é o próprio Deus, era preciso uma reparação infinita, que nenhum homem evidentemente podia oferecer (cf. Santo Anselmo, *Cur Deus homo?*, II, 18.20; Santo Tomás, *S. Th.* III, q. 46, art. I, ad 3). Essa era, pois, a situação sem saída antes da vinda de Cristo: de uma parte, o homem que devia pagar o débito, mas que não podia fazê-lo; de outra parte, Deus que podia pagar, mas que não devia fazê-lo, por não ter ele cometido a culpa. A encarnação resolveu de modo imprevisível essa situação. Em Cristo, homem e Deus puderam encontrar-se reunidos, ao mesmo tempo, à mesma pessoa, quem *devia* pagar o débito e quem era o único que o *podia* pagar.

Tudo isso está maravilhosamente expresso no *exultet* em que se diz: "Foi ele quem pagou do outro a culpa, quando por nós à morte se entregou: para apagar o antigo documento na cruz todo o seu sangue derramou". É uma visão da salvação que deriva diretamente do Novo

Testamento. Cristo, lê-se aí, veio para dar a sua vida "em resgate de muitos" (Mt 20,28); em seu sangue temos "a redenção e a remissão dos pecados" (Ef 1,7; 1Cor 1,30; 1Tm 2,6); Deus serviu-se dele como "instrumento de expiação" (Rm 3,25); na cruz Cristo anulou "o documento escrito de nosso débito" (Cl 2,14).

A visão teológica extraída desses textos foi, às vezes, sobrecarregada e obscurecida por excessos, como no caso da teoria segundo a qual o resgate teria sido pago por Cristo ao diabo, ao qual o homem se vendera como escravo. Nosso texto litúrgico não diz nada disso. Cristo pagou nosso débito ao "eterno Pai".

Ainda assim a explicação apresentada dá azo a uma inquietante objeção. Pregadores célebres do passado deixaram-se empolgar em seus sermões de Sexta-Feira Santa, falando da "cólera de um Deus irritado": Jesus ora, diz Bossuet, e o Pai irado não o escuta; é a justiça de um Deus vingador dos ultrajes recebidos; Jesus sofre, e o Pai não se aplaca" (*Oeuvres complètes*, IV, Paris 1836, p. 365). Pode-se ainda chamar de "Pai" um Deus assim?

No *exultet* esse perigo é eliminado pela raiz, porque a perspectiva jurídica é corrigida logo por outra, que a livra de toda a conotação negativa de uma justiça fria, reconduzindo-a à revelação do Deus-amor. É verdade que o Filho pagou o débito ao eterno Pai, mas o Pai não é somente aquele que recebe o preço do resgate; é também aquele que o paga. É até aquele que paga o preço mais alto de todos, porque deu o seu único Filho: "Ó Deus, quão estupenda caridade vemos no vosso gesto fulgurar: não hesitais em dar o próprio Filho, para a culpa dos servos resgatar!" Raramente o pensamento cristão, em todas as suas formas, chegou a tamanha profundidade. Raramente o amor invencível de Deus Pai pela humanidade foi exaltado com maior comoção e simplicidade. É um eco de Rm 8,32: *Deus não poupou seu próprio Filho, mas o deu por todos nós!*

3. "Ó feliz culpa": a Páscoa como renovação do mundo

Até aqui expus a perspectiva que apresenta a Páscoa como cumprimento de toda a história da salvação por meio do ato redentivo de Cristo na cruz. Mas uma outra perspectiva, mais positiva, entrelaça-se com essa na liturgia pascal e no *exultet*: a da Páscoa como renovação do mundo (renovatio mundi) e como palingênese cósmica. Vejamos antes brevemente como se formou essa tradição e depois como entrou na liturgia pascal da Igreja.

Por que o mês da Páscoa é chamado de "primeiro mês do ano"? (cf. Êx 12,2). A essa pergunta um autor cristão do fim do século I, ou começo do II, responde: "A explicação que circula em segredo entre os hebreus quer que esse seja o tempo no qual Deus, artífice e criador de todas as coisas, criou o universo" (*Antiga homilia pascal*, 17; SCh 27, p. 145). Essa informação corresponde à verdade. Na catequese pascal hebraica pouco a pouco foi tomando corpo a ideia "secreta", isto é, não contida nos livros canônicos, segundo a qual o mundo teve início no equinócio da primavera, e que por isso a Páscoa era o aniversário da criação, uma espécie de genetlíaco do mundo. "No equinócio da primavera, escreve Fílon, temos uma réplica e um reflexo do princípio no qual este mundo foi criado. Assim todos os anos

Deus traz-nos à mente a criação do mundo" (*De spec. leg.* II, 151). Um texto pascal hebraico, talvez anterior ao Novo Testamento, reassume toda a história sagrada em "quatro noites": a noite da criação, a noite da imolação de Isaac, a noite do Êxodo do Egito e a noite final, quando o mundo será destruído (*Targum do Êxodo* 12,42). Todas essas noites têm seu ponto de encontro na Páscoa, enquanto aconteceram ou ainda acontecerão todas no mesmo tempo do ano, o da noite de Páscoa.

Essa tradição passou logo para a catequese cristã, favorecida pelo fato de o Apóstolo também ter falado da Páscoa de Cristo e do batismo como sendo uma nova criação (cf. 2Cor 5,17; Gl 6,15). "É este, exclama São Cirilo de Jerusalém, o tempo da criação do mundo. Na mesma data da perda da imagem de Deus, veio a sua restauração" (*Catech.* XIV, 10; PG 33, 836). São incontáveis as formas que esse tema tomou na catequese pascal cristã. A expressão talvez mais elaborada é a que está numa homilia escrita para a Páscoa de 387 d.C. A Páscoa aí é definida como "recapitulação", "retificação". Palavras que indicam todas uma inversão do curso do mundo, levando-o de volta a seus inícios. "Querendo a ressurreição para o homem decaído, querendo renová-lo e recriá-lo em seu estado originário mediante a sua paixão, eis o que faz o Filho unigênito de Deus. Sendo ele mesmo o criador do primeiro homem, quis ser também o seu salvador, depois que tinha caído, em vista de uma restauração de toda a natureza. Não contente de entregar-se à paixão, une para a renovação todos os elementos cronológicos que se encontravam juntos na criação, para que o fim se mostrasse em harmonia com o princípio, e coerente consigo mesmo o modo de agir do criador" (*Homilia pascal*, 27; SCh 48, 135s.). A ideia mais original desse autor é a da renovação da *realidade*, não só do mundo e do homem, mas também do *tempo*. Deus criou "um tempo puríssimo"; o pecado manchou até o tempo, uma vez que foi cometido no tempo. E eis que, na Páscoa, Deus renova aquele "tempo puríssimo", enquanto a morte e a ressurreição de Cristo se dão "no tempo". Para mostrar essa restauração do tempo originário, Deus faz que, na morte de Cristo, se encontrem de novo reunidas todas aquelas circunstâncias de tempo (equinócio, plenilúnio e sexto dia da semana) que se encontravam reunidas no momento da criação do homem (cf. *ibidem*, 28, p. 135s.).

Essa visão grandiosa penetrou logo na liturgia, na qual a Igreja sempre recolheu, como numa peneira, para o purificar e reduzir ao essencial, o melhor de tudo o que de novo foi sendo descoberto na palavra de Deus graças ao desenvolvimento da teologia e ao contato com novas culturas. A escolha de Gênesis 1, a narrativa da criação, como primeira leitura da vigília pascal prende-se a essa tradição e quer significar que a Páscoa é uma nova criação. Uma estupenda oração, que remonta ao Sacramentário Gelasiano do século VII, felizmente reintroduzida pela última reforma litúrgica nos textos da vigília, precisamente depois da sétima leitura, diz: "O mundo todo veja e reconheça que tudo que foi destruído se reconstrói; tudo que é antigo se renova e tudo volta à sua integridade por meio de Cristo, que é o princípio de todas as coisas".

Também no *exultet* ressoa esse tema da Páscoa como renovação cósmica: "Alegre-se também a terra amiga, que em meio a tantas luzes resplandece; e, vendo dissipar-se a treva antiga, ao sol do eterno rei brilha e se aquece". E ainda: "Pois esta noite lava todo crime, liberta o pecador dos seus grilhões; dissipa o ódio e dobra os poderosos, enche de luz e paz os corações".

Mas o *exultet* leva essa visão a um passo adiante. Até agora se falou de uma renovação para trás (*renovatio in pristinum*), de um reconduzir as coisas às origens; aqui se fala de uma renovação para a frente, ou para melhor (*renovatio in melius*). "Ó pecado de Adão indispensável, pois o Cristo o dissolve em seu amor; ó culpa tão feliz que há merecido a graça de um tão grande Redentor!" Jamais houve tamanha audácia no pensamento cristão! Audácia que acabou gerando um pouco de medo, tanto que a partir do século X algumas igrejas locais deixaram de lado essas duas frases, menos em Roma onde o *exultet* jamais foi privado desse clímax teológico e lírico.

Quem pôde conceber o grito: "Ó feliz culpa?" Que autoridade está por detrás dele? Não é a simples autoridade de um obscuro compositor (parece que o *exultet* foi escrito na Gália, no decorrer do século V), mas a autoridade de um doutor da Igreja. Essa teologia audaciosa inspira-se, de fato, quase letra por letra, em Santo Ambrósio. Ele, falando da culpa de Adão, tinha exclamado: "Feliz ruína que foi reparada para melhor!" (*In Ps.* 39, 20; CSEL, 64, p. 225), e ainda: "A minha culpa tornou-se para mim o preço da redenção... Mais vantajosa me foi a culpa do que a inocência" (*De Iac.* I, 6, 21; CSEL, 32, 2, p. 18). Mas Santo Ambrósio, por sua vez, apoia-se na autoridade ainda maior da Escritura, que assegura que "onde abundou o pecado superabundou a graça" (Rm 5,20). Com certeza, o "Ó feliz culpa!" diz muito mais. É um grito de esperança e de otimismo, que não encontra sua justificação em nenhum texto da Escritura tomado isoladamente, mas quando muito no seu conjunto, na convicção de que o poder de Deus é tal que sabe tirar o bem de tudo, "também do mal" como dizia Santo Agostinho (*Enchir.* 11; PL 40, 236).

A beleza extraordinária desse grito está no entusiasmo que deixa transparecer pela pessoa de Cristo, "um tal e tão grande redentor!" A um universo sem culpa e sem Cristo prefere-se abertamente um universo com a culpa, mas com Cristo. E quem poderia contradizer quem ousou fazer tal afirmação? Uma célebre mística medieval, inserindo-se nesta linha otimista do *exultet*, escreveu estas palavras que diz ter ouvido do próprio Deus: "O pecado é inevitável, mas tudo estará bem e tudo será bem e toda coisa será boa" (Juliana de Norwich, *Revelações*, cap. 27).

4. "Ó grande e santa Páscoa!": um olhar para a Páscoa dos irmãos orientais

Não seria difícil, se isso fosse necessário para nosso objetivo, mostrar como os mesmos temas da liturgia pascal ocidental se encontram também, ainda que com uma coloração diversa, na liturgia oriental e bizantina. Ela também é uma esplêndida catequese mistagógica.

Eu dizia "com uma coloração diversa" e isto é o que torna precioso o confronto. As duas liturgias são, na verdade, como "dois pulmões" com o qual todo o corpo da Igreja respira mais amplamente; são como os dois olhos que, fixando um objeto de ângulos diversos, o veem na sua real profundidade. "Não se pode chegar a um tão grande mistério indo por um único caminho", dizia um antigo provérbio falando de Deus (*uno itinere non potest perveniri ad tam grande secretum*). Isso vale também do mistério pascal. O confronto das duas tradições serve não apenas para dilatar o horizonte e para se ter uma ideia mais completa do mistério, mas também para compreender melhor a nossa própria tradição e espiritualidade.

A ideia central da visão latina da salvação, como disse, é a de resgate, a redenção que, inspirando-se sobretudo em São Paulo, acentua o "mistério pascal". A ideia central da teologia grega é a divinização que, seguindo mais de perto São João, acentua a encarnação. Instigados pelo arianismo que negava a plena divindade de Cristo, os Padres gregos foram induzidos a esclarecer a divinização do cristão como consequência e como prova da divindade de Cristo: "Cristo diviniza-nos; logo, é Deus"; "Cristo é Deus; logo nos diviniza". Daí a importância da encarnação, vista como o momento em que Deus assume a humanidade e, assumindo-a, santifica-a e confere-lhe a incorruptibilidade.

Ora, sabemos que essas duas perspectivas, encarnação e mistério pascal, jamais foram professadas rigidamente separadas ou como exclusivas entre si. Os Padres gregos veem a Páscoa como o cumprimento último da encarnação e em certo sentido como o seu fim: "Cristo nasceu para poder morrer", diz São Gregório de Nissa (*Or. cat.* 32; PG 45, 80). Os Padres latinos por sua vez veem a encarnação como o pressuposto e o fundamento da Páscoa. A redenção de Cristo é absoluta e universal, porque realizada por alguém que é Deus e homem ao mesmo tempo e que, enquanto Deus, lhe confere um valor que transcende o tempo e o espaço.

Entretanto, é inegável que entre as duas tradições existe uma diferença de acentuação, que se reflete fielmente também nas respectivas liturgias pascais. O tema dominante nos textos pascais da liturgia bizantina não é o da redenção do pecado, mas principalmente o da consagração e da vivificação de tudo. Na Páscoa canta sobretudo o triunfo de Cristo sobre a morte e o inferno, o triunfo em suma da vida. A descida de Cristo ao Ades é o tema pascal por excelência, e isso é que se representa no ícone da festa. A explicação sempre repetida é que a morte e o diabo lançaram-se contra a carne mortal de Cristo, mas nela encontraram a divindade que os aniquilou. "Com o Espírito, que não podia morrer, Cristo matou a morte que matava o homem" (Melitão de Sardes, *Sobre a Páscoa, 66*; SCh 123, p. 96).

Eis como esta Páscoa de vitória é cantada no final da antiga homilia pascal já lembrada, cujos acentos se encontram nos textos da liturgia pascal bizantina: "Ó místico espetáculo! Ó festividade espiritual! Ó Páscoa divina! Tu desceste dos céus à terra, e da terra de novo sobes aos céus. Ó festa de todas as coisas! Ó solenidade do todo o universo! Ó alegria do mundo, sua honra, festim e delícia! Por ti a morte tenebrosa foi destruída, e a vida difundiu-se sobre todos os seres! Abriram-se as portas do céu: Deus apareceu como homem e o homem subiu como Deus. Por ti foram arrombadas as portas do inferno e os grilhões de ferro arrebentados. O povo de debaixo da terra ressuscitou dos mortos, tendo recebido a boa nova, e às falanges celestes um coro foi oferecido pela terra. Ó Páscoa divina, tu uniste espiritualmente a nós o Deus que os céus não podem conter. Por ti se encheu a grande sala do festim de núpcias; todas trazem a veste nupcial e ninguém é lançado fora porque sem ela" (*Antiga homilia pascal*, 62; SCh 27, p. 189). "Páscoa" é aqui quase que um sinônimo de "Cristo", conforme a antiga equação: "a Páscoa é Cristo".

O tema da Páscoa como *renovação universal* e volta ao paraíso ressoa igualmente com novos tons e vitória num texto da liturgia pascal bizantina:

> "Hoje se revelou a nós uma Páscoa divina...
> Páscoa nova, santa, Páscoa misteriosa...
> Páscoa que nos abre as portas do paraíso,
> Páscoa que santifica todos os fiéis...
> É o dia da Ressurreição!
> Irradiemos alegria por esta festa,
> abracemo-nos.
> Tratemos como irmão também
> a quem nos odeia,
> perdoemos por causa da Ressurreição".
> (*Stichirá de Páscoa*: textos citados por G. Gharib, *Le icone festive della Chiesa Ortodossa*, Milão 1985, p. 174-182)

Sempre pensei que apenas um tema poderia ser digno do coral que encerra a Nona sinfonia de Beethoven: a ressurreição de Cristo. Somente ela poderia constituir um "texto" adequado a notas tão sublimes. E eis que encontramos nesse hino litúrgico, escrito tantos séculos antes, quase que as mesmas palavras do "hino à alegria" de Schiller musicados pelo artista ("Abraçai-vos ó milhões, este beijo a todo o mundo. Todos os homens tornam-se irmãos quando são tocados pela leve asa da alegria"). Só que a alegria que aqui se canta não existe, é apenas *almejada*, enquanto que o nosso hino pascal fala de uma alegria *real* e oferecida ao homem. Ela se fundamenta no fato objetivo continuamente repetido no Tropário pascal:

> "Cristo ressuscitou dos mortos,
> com sua morte aniquilou a morte
> e deu a vida aos mortos nas sepulturas".

5. Como transmitir a herança aos filhos

Houve um tempo na história da Igreja, nos seus primórdios, quando a Páscoa, por assim dizer, era tudo. Ainda não havia outras festas no ano que absorvessem parte do conteúdo da história da salvação, fracionando-a e quebrando fatalmente sua unidade. Na Páscoa, revivia numa síntese poderosa toda a história sagrada, de seus inícios até seu cumprimento em Cristo, e toda a vida do próprio Cristo, de seu nascimento à sua volta final. O mistério cristão viveu então seu breve período de unidade, antes de "dispersar-se na terra", antes de sua luz se desfazer em tantas e tão diversas cores quantas são as festas do ano litúrgico ou em outro âmbito, quantos são os tratados da teologia. A liturgia, como vimos, conservou uma memória bastante fiel desse tempo feliz, e a recente reforma dos ritos pascais trouxe novamente à luz na Igreja latina, enquanto foi possível fazê-lo sem ignorar a história, esse rosto originário da Páscoa. Por isso ela constitui ainda hoje a mais esplêndida das catequeses mistagógicas, a melhor introdução na profundidade dos mistérios cristãos.

A pergunta que nos devemos fazer é a seguinte: como fazer reviver esse patrimônio e como apresentá-lo vivo e sempre novo à nossa geração? Como reencontrar o entusiasmo que fazia um Padre da Igreja exclamar: "Ó grande e santa Páscoa, eu falo contigo como a um ser vivente!" (São Gregório Nazianzeno, *Or. 45*, 30; PG 36, 664). Que fazer para que a Páscoa seja de fato o momento esperado em que a Igreja, como dizia Astério, "é introduzida na herança" e por sua vez nela introduz seus filhos? Cada ano que passa deixa marcado no tronco da árvore um círculo que indica o seu crescimento anual. Que fazer para que cada Páscoa deixe marca análoga na vida dos cristãos e não passe em vão?

Não mais podemos contar com a simples repetição de fórmulas antigas, mesmo em se tratando do belíssimo Precônio Pascal, o *exultet,* porque, concebidas em outra língua e em outra cultura, inevitavelmente perdem muito de sua força quando traduzidas e, além do mais, sem o acompanhamento musical gregoriano que as tornou mais ricas ainda. De resto, a frequente repetição, também no original, atenua-lhes a carga emotiva e a capacidade evocativa. "Assueta vilescunt!" (as coisas muito repetidas perdem seu valor). Não é o caso de simplesmente chorar pelo latim, nem de lastimar seu desaparecimento das celebrações normais. Isso significa ignorar uma observação elementar: quando foram escritos, aqueles textos estavam na língua falada pelo povo, não em outra língua. Se tivessem pensado como o fazem hoje certos nostálgicos da língua latina, o *exultet* deveria ter sido escrito em grego, não em latim, porque o grego era a língua litúrgica em Roma e no ocidente nos primeiros dois séculos.

É preciso, pois, uma mediação entre aqueles veneraveis textos e nós, e tal meditação não pode acontecer senão por meio do ministério da palavra. Para manter vivo o patrimônio da vigília pascal, podem ajudar muito certas celebrações particulares (como, por exemplo, aquelas dos grupos neocatecumenais) que celebram a vigília em sua forma integral, não reduzida nem no tempo nem na forma, com uma preparação e num clima que se inspiram nos primeiros séculos. Isso serve para manter vivo o paradigma, como exemplo e estímulo para o resto da comunidade. É compreensível que isso não deixe de trazer problemas e dificuldades, mas o que está em jogo é muito importante para renunciar a tais experiências. Se nenhuma comunidade ou somente poucas dentre elas celebram a vigília pascal como é proposta em sua forma plena, é de se temer que em pouco tempo ela acabe sendo apenas uma bela reforma que ficou no papel.

Em todo caso, porém, o fator mais decisivo está no ministério da palavra. Se a liturgia pascal é a grande catequese mistagógica da Igreja, o celebrante, bispo ou sacerdote, deve ser o mistagogo! São incríveis, no meio do povo, os frutos de uma homilia bem-feita, que traga a Palavra de Deus e o mistério celebrado para perto da experiência das pessoas. É a grande *chance* da liturgia pós-conciliar renovada. As reflexões que até aqui desenvolvi modestamente queria servir também a esse fim: fazer que os futuros sacerdotes se enamorem da maravilhosa missão de ser "os dispensadores dos mistérios de Deus" (1Cor 4,1), orientando nesse sentido o seu interesse no estudo da teologia. Jesus fala no Evangelho de "um empregado fiel e prudente que o patrão colocou à frente de seus criados, para lhes dar a refeição na hora certa" e diz: "Feliz esse servo!" (cf. Mt 24,45s.).

6

PURIFIQUEM-SE DO VELHO FERMENTO

O mistério pascal na vida (I)

Disse, nas páginas precedentes, que a Páscoa de Cristo se prolonga e se atualiza na Igreja em dois planos diversos: no plano litúrgico-sacramental e no plano pessoal e existencial. Agora falamos desse segundo plano, falamos, por fim, do mistério pascal na vida. O texto bíblico, no qual esse plano mais pessoal da Páscoa é mais bem posto em evidência, é 1Cor 5,7: *Purifiquem-se do velho fermento, para serem uma massa nova, já que vocês são ázimos. Pois o Cristo, nossa Páscoa, foi imolado.* Chegamos assim àquela famosa "Páscoa, do homem" que, na Bíblia, desde as origens, está lado a lado com a "Páscoa de Deus", e que os Santos Padres definiam como passagem dos vícios para a virtude e da culpa para a graça. A linguagem usada pelo Apóstolo, no texto agora citado, remete-nos a um costume hebraico: na véspera da Páscoa, cada mulher hebreia, obedecendo à prescrição de Êx 12,15, revistava toda a casa, examinando todos os cantos à luz da lamparina, para procurar e fazer desaparecer até o menor fragmento de pão fermentado, para que se pudesse, depois, celebrar a festa unicamente com o pão ázimo (algo desse costume passou também para a tradição cristã; especialmente nas roças havia o costume, ao menos até alguns anos, de fazer a grande limpeza pascal, eliminando tudo que havia de roto ou de velho entre as louças e as outras coisas da casa, de modo que na Páscoa tudo fosse novo e inteiro). Pois bem, o Apóstolo tira proveito do costume hebraico para ilustrar as implicações morais da Páscoa cristã; nisso tudo ele vê um símbolo. O fiel deve percorrer também a casa interior do seu coração, para destruir tudo que pertence ao velho regime do pecado e da corrupção, podendo assim celebrar a festa "com ázimos de pureza e de verdade" (*ib*. 5,8), isto é, em pureza e santidade, já sem nenhum vínculo com o pecado. Há, em suma, uma "limpeza pascal" do coração e da vida que todos somos convidados a fazer, se queremos entrar de verdade na luz da Páscoa.

Há um nexo estreitíssimo, uma consequência lógica, entre a imolação de Cristo e o empenho moral do cristão: porque Cristo foi imolado como nossa Páscoa, por isso devemos purificar-nos. Sobre essa mesma relação insiste o grande texto pascal de Rm 6,1s.: se Cristo morreu por todos, então virtualmente todos morreram (cf. também 2Cor 5,14); isto é: se Cristo morreu para o pecado, por direito todos morreram para o pecado; se Cristo ressuscitou dos mortos, todos devemos "caminhar numa vida nova", como gente que em esperança já ressuscitou.

Ressoa nesses textos a grande intuição paulina: não nos salvamos *pelas* nossas obras, mas não nos salvamos *sem* as nossas obras. O que nos salva verdadeiramente é a Páscoa de Cristo, isto é, a sua imolação e ressurreição; mas a Páscoa de Cristo não é eficaz em nós se não se tornar a "nossa" Páscoa. O empenho moral e ascético não é a *causa* da salvação; deve, porém, ser seu *efeito*.

Portanto, não me purifico do pecado para ser salvo, mas purifico-me do pecado porque fui salvo, porque Cristo foi imolado pelos meus pecados! O contrário, continuar a viver nos pecados, seria "absurdo"; seria como pretender estar vivo para a graça e para o pecado, ao mesmo tempo vivo e morto, livre e escravo (cf. Rm 6,2.15s.).

1. "Purifiquem-se do velho fermento"

Se observamos mais de perto os dois textos pascais mencionados – 1Cor 5,7 e Rm 6,1s. –, descobrimos neles duas palavras-chave com as quais o Apóstolo resume todas as consequências morais derivadas da Páscoa de Cristo: uma é a palavra *purificação* e a outra é a palavra *novidade*: "*Purifiquem-se* do velho fermento, para ser uma *nova* massa". A primeira está mais diretamente em relação com a morte de Cristo, a segunda com a ressurreição de Cristo; Cristo foi imolado: purificai-vos! Cristo ressuscitou dos mortos: caminhai em vida nova! Não são duas coisas separadas ou justapostas, mas intimamente unidas entre si; a primeira é caminho para a segunda, porque não há vida nova possível sem purificação do pecado. Comecemos, por isso, a refletir sobre este primeiro aspecto da nossa Páscoa que é a purificação do pecado.

É esta, creio, a Páscoa que o Senhor Jesus intensa e angustiosamente pede que realizemos: sair do pecado, purificar-nos do velho fermento, do fermento do homem velho. Todos indistintamente precisamos realizar essa "passagem" porque todos estamos, com maior ou menor intensidade, envolvidos nesta triste realidade: *Se dissermos que não temos pecado, enganamo-nos a nós mesmos e a verdade não está em nós. Se confessarmos os nossos pecados, ele, que é fiel e justo, perdoará nossos pecados e nos purificará de toda a iniquidade* (1Jo 1,8-9).

Mas, de que pecado se trata? Qual é o "pecado" que devemos "reconhecer"? Certamente se trata antes de tudo dos pecados atuais, que cometemos cada dia, já que "todos cometemos erros muitas vezes", como nos recorda São Tiago (Tg 3,2). Mas se paramos aqui, não atingimos senão as consequências e permanecemos muito na superfície. O evangelista João fala mais vezes do pecado no singular do que no plural: "o pecado do mundo", "se dizemos que não temos pecado"... São Paulo distingue claramente o pecado como estado de pecaminosidade (o "pecado que habita em mim", Rm 7,17) dos pecados que dele são as manifestações externas, quase do mesmo modo como o foco subterrâneo de um vulcão se distingue das erupções que de vez em quando ele provoca no exterior. Diz: *Portanto, que o pecado não reine mais no corpo mortal de vocês, sujeitando-os às suas paixões. Não façam de seus membros armas de injustiça a serviço do pecado* (Rm 6,12-13). O Apóstolo apresenta-nos esse pecado no singular como um "rei" escondido no segredo do seu palácio, que "reina" mediante os seus enviados (os desejos) e os seus instrumentos (os membros).

Não basta, portanto, atacar os vários pecados que cometemos cada dia. Seria como pôr a tesoura nos ramos, antes que na raiz; não resolveria quase nada. Quem se contentasse de fazer isso, e cada vez no exame de consciência passasse em revista pacientemente os seus pecados para acusá-los no sacramento da penitência, sem jamais descer mais em profundidade, seria como o agricultor descuidado que, em lugar de desenraizar as ervas daninhas, passasse periodicamente a recolher as pontas floridas.

Há, pois, uma operação mais radical a ser realizada contra o pecado; só quem realiza essa operação faz verdadeiramente a Páscoa; e essa operação consiste no "romper definitivamente com o pecado" (1Pd 4,1), no "destruir o corpo mesmo do pecado" (Rm 6,6).

Quero explicar-me com um exemplo ou, antes, contar uma pequena experiência minha. Estava recitando sozinho aquele Salmo que diz: Senhor, tu me perscrutas e me conheces... *Penetras de longe os meus pensamentos... São-te conhecidos todos os meus caminhos* (Sl 139,1s.). A certo ponto, eu estava como que do lado de Deus, como se me perscrutasse também eu com seu olhar. A mente aflorou muito nítida a imagem de uma estalagmite, isto é, de uma daquelas colunas que se formam no fundo de cavernas pela queda de gotas d'água calcária do teto. Ao mesmo tempo tive a explicação dessa insólita imagem. Os meus pecados atuais, no curso dos anos, caíram no fundo do meu coração como tantas gotas d'água calcária. Cada uma depusera ali um pouco de "calcário", de opacidade, de endurecimento e de resistência a Deus, que ia se acrescentando ao precedente. A maior parte escorria, graças às confissões, às eucaristias, à oração. Mas cada vez sobrava alguma coisa não "dissolvida", e isto porque o arrependimento e a contrição não eram sempre totais, absolutos. E assim minha estalagmite cresceu, como uma "coluna infame" dentro de mim; tornou-se como uma grossa pedra que pesa em mim e me dificulta todos os movimentos espirituais, como se estivesse espiritualmente "engessado". Aí está o "corpo do pecado" de que falava São Paulo, o "fermento velho" que, não eliminado, insere um elemento de corrupção em todas as nossas ações e ergue obstáculos no caminho para a santidade. Que fazer nessa situação? Não podemos arrancar essa estalagmite somente com a nossa vontade, porque ela está exatamente na nossa vontade! É o nosso "eu" velho; é o nosso amor próprio; é literalmente o nosso "coração de pedra" (Ez 11,19). Não nos resta senão a oração. Implorar ao Cordeiro de Deus, que tira os pecados do mundo, que arranque também o nosso pecado. Vimos de que dor somos filhos, e o que fizeram de Jesus as nossas culpas! Felizes nós se o Espírito Santo nos põe no coração o desejo de uma contrição nova, diversa e mais forte do que a do passado: o desejo de uma vez por todas dissolver no pranto os nossos pecados, se é que ainda não o fizemos. Quem ainda não experimentou o sabor dessas lágrimas, que fizeram os santos, não se deve dar paz até que as tenha obtido do Espírito Santo (pois que é um dom do Espírito Santo!). *Se alguém não nascer da água e do Espírito, dizia Jesus a Nicodemos, não poderá entrar no Reino de Deus* (Jo 3,5). Depois da água do batismo, não existe senão essa água da contrição para renascer. De semelhante pranto saímos de fato como homens novos, *quasi modo geniti infantes*, como crianças recém-nascidas (cf. 1Pd 2,2), prontos a servir a Deus de modo novo, porque livres agora das raízes do pecado. Isso não é algo "supererrogatório"; é "obrigatório": *se vocês não mudarem de vida e não se tornarem como crianças* – crianças nascidas da penitência e contrição – *não irão entrar no Reino dos céus!* (Mt 18,3).

Quando o Senhor faz nascer em alguém o desejo ardente de uma total purificação dos pecados, imediatamente toda a Bíblia se abre para ele de modo novo, porque a Bíblia foi escrita, em grande parte, exatamente para isto: para ajudar o homem a tomar consciência do seu pecado e pedir que seja dele libertado. Ele ora com a Bíblia. Os salmos ensinam-lhe a invocar a purificação do pecado:

> *Aspergi-me com o ramo do hissopo*
> *e ficarei puro,*
> *lavai-me e me tornarei mais branco*
> *que a neve...*
> *Senhor, criai em mim um coração puro...*
> *O meu sacrifício, Senhor, será o meu espírito*
> *contrito.* (Sl 51,9.12.19)

Os profetas ensinam-lhe a esperar essa purificação: *Derramarei sobre vós uma água pura e sereis purificados... E vos darei um coração novo e introduzirei em vós um espírito novo: arrancarei do vosso peito o coração de pedra e vos darei um coração de carne* (Ez 36,25-26). Por fim, Jesus Cristo lha oferece realizada como fruto do seu sacrifício: *Cristo amou a Igreja e por ela se entregou, para a santificar, purificando-a no batismo d*'água pela palavra da vida, para a apresentar a si mesmo como Igreja gloriosa, sem mancha ou ruga nem qualquer coisa semelhante, mas santa e imaculada (Ef 5,25-27).

Aquilo que Jesus fez pela Igreja no seu conjunto fez também por cada alma; aquilo que deseja da Igreja como um todo, que seja santa e sem mancha, deseja também de cada alma. De modo todo especial, deseja-o das almas a ele consagradas, dos sacerdotes aos quais disse outrora: Purificai-vos, vós que tocais nas coisas sacras (cf. Is 52,11). (Sempre essa palavra que retorna: purificai-vos, purificar-se!) Na quinta-feira depois das "Cinzas", a Liturgia das Horas faz-nos escutar estas palavras de São Leão Magno: "Agora se pede de nós uma completa renovação do espírito: são os dias dos mistérios da redenção humana, dias que precedem mais proximamente as festas pascais. É característica, de fato, da Páscoa que a Igreja toda goze e se alegre pelo perdão dos pecados: perdão que não se concede apenas aos neófitos, mas também àqueles que já há longo tempo são contados entre os filhos adotivos. Certamente é no banho de regeneração que nascem os homens novos, mas todos têm o dever de renovar-se cotidianamente: é preciso livrar-nos das incrustações próprias à nossa condição mortal. E porque no caminho da perfeição não há ninguém que não deva melhorar, devemos todos, sem exceção, esforçar-nos para que ninguém, no dia da redenção, encontre-se ainda enredado nos vícios do homem velho" (*Disc. 44 Sobre a Quaresma, 1*; CCL 138A, 258).

2. Purificação e renovação

A Palavra de Deus confia-nos, pois, um chamado urgente destinado a todos os filhos da Igreja: é preciso arrepender-se dos pecados e livrar-se do pecado. O povo cristão já não reconhece seu verdadeiro inimigo, o patrão que o mantém escravo, só porque se trata de uma escravidão dourada. Muitos que falam de pecado têm dele uma ideia de todo inadequada; acabaram por identificá-lo, na prática, com a posição dos próprios adversários políticos ou ideológicos: o pecado está "à direita" ou "à esquerda".

Mas vale também para o reino do pecado aquilo que Jesus disse do Reino de Deus: Quando lhes dizem: O pecado está aqui ou o pecado está ali, não acreditem, porque o pecado está dentro de vocês! (cf. Lc 17,21).

Muitos cristãos caíram, no tocante ao pecado, em uma espécie de entorpecimento: transtornados pelos meios de comunicação e pela mentalidade do mundo, já não o percebem; gracejam com a palavra "pecado", como se fosse a coisa mais inocente do mundo; convivem com ele sem medo por anos e anos; não sabem mais, na realidade, que é o pecado. Uma pesquisa sobre o que a nossa gente pensa do pecado daria resultados que provavelmente nos espantariam.

Se se quer levar a renovação conciliar, das estruturas da Igreja e das formulações de princípio, para a "vida" diária dos fiéis, para renová-la na santidade (como penso esteja nos desejos de todos na Igreja), é preciso também hoje "elevar a voz", "gritar com toda a força para denunciar ao povo os seus delitos" (Is 58,1ss.) e, em primeiro lugar, o delito de ter esquecido Deus ou de havê-lo relegado ao último lugar entre as preocupações. É preciso conseguir fazer compreender aquela verdade tão repisada pela Bíblia, que *o pecado é morte*. Devemos dizer também nós como diziam os profetas de Israel: *Libertai-vos de todos os crimes cometidos e formai para vós um coração novo. Por que quereis morrer, ó Israelitas?* (Ez 18,31); *porque quereis ainda ser atingidos, acumulando rebeliões?* (Is 1,5). Quando Deus fala aos homens de arrependimento e de purificação dos pecados, é porque os quer felizes, não infelizes; quer a vida, não a morte; é um dom, por isso, que faz, não um peso que impõe. Um movimento penitencial autenticamente cristão e evangélico deve trazer sempre essa marca positiva de amor à vida, de alegria, de entusiasmo, como o movimento penitencial iniciado por São Francisco e pelos seus companheiros que, no início, se chamavam exatamente "os penitentes de Assis". A sincera contrição é a via mais segura para a "perfeita alegria". O pecado é o primeiro responsável da grande infelicidade que reina no mundo.

E, todavia, mesmo assim a palavra que chama as pessoas ao arrependimento é uma palavra austera. Para que seja acolhida, é preciso que quem a proclama a proclame "em Espírito e poder", como fez o apóstolo Pedro no seu discurso do dia de Pentecostes. Ao ouvi-lo falar daquele modo, narram os Atos, os presentes sentiram "traspassado o coração" e disseram: *Que devemos fazer, irmãos? E Pedro disse: Arrependam-se...; assim receberão o dom do Espírito Santo* (At 2,37-38).

Quem terá a coragem necessária para dirigir hoje aos irmãos esse apelo à conversão? A palavra de Deus sugere um instrumento indispensável para esse empreendimento: um sacerdócio renovado, que tenha "rompido definitivamente" com o pecado. Há uma página do profeta Zacarias que ultimamente me tem impressionado muito, porque parece escrita exatamente para a nossa situação atual. Estamos no momento logo depois do retorno do povo eleito do exílio; apenas começou a reconstrução do templo de Jerusalém; todos parecem satisfeitos com o andamento das coisas. Mas eis que Deus intervém novamente para apontar outra reconstrução, mais interior, mais universal, que tem por objetivo a santidade e a integridade da vida religiosa de todo o povo. Numa palavra, a atenção desloca-se por assim dizer da renovação das estruturas e do quadro externo da religião para a renovação espiritual e do coração. Para chegar a isso, o Senhor começa por querer a renovação do sacerdócio, fazendo-o passar por uma radical purificação do pecado. É uma cena dramática. O sumo sacerdote Josué, que representa todo o sacerdócio de Israel, está diante do Senhor com as vestes de luto do exílio, símbolo do estado geral de culpa e de desobediência a Deus. Satanás está à sua direita para acusá-lo. Mas Deus pronuncia sobre ele esta palavra: *"Vê! tirei de ti a tua iniquidade e te vesti com vestes luxuosas". E disse: "Colocai-lhe na cabeça um turbante limpo". Colocaram-lhe um turbante limpo na cabeça e o vestiram com roupas limpas* (Zc 3,4-5). Jesus tirou dessa página algumas imagens para a sua parábola do filho pródigo.

Que o Senhor nos faça ouvir logo aquela consoladora palavra: "Vê! tirei de ti a tua iniquidade!" Então, na verdade será Páscoa para nós, teremos feito a "santa passagem" e com verdade poderemos fazer nossas as palavras da liturgia pascal hebraica e cristã:

"Ele nos fez passar:
da escravidão à liberdade,
da tristeza à alegria,
do luto à festa,
das trevas à luz,
da escravidão à redenção.
Por isso, digamos diante dele: aleluia!"
(*Pesachim* X,5).

7
ENTRE EM SI MESMO

O mistério pascal na vida (II)

Partamos outra vez do texto de São Paulo em que se faz menção pela primeira vez da Páscoa cristã. Em sua brevidade ele diz muitas coisas. *Purifiquem-se do velho fermento para serem uma massa nova, já que vocês são ázimos. Pois o Cristo, nossa Páscoa, foi imolado. Celebremos a festa, não com fermento velho, nem com um fermento de malícia e de perversidade, mas com ázimos de pureza e de verdade* (1Cor 5,7-8).

Esse texto fala, na realidade, de duas páscoas: a de Cristo, que consiste na sua imolação, e a do cristão, que consiste no passar do antigo ao novo, da corrupção do pecado à pureza de vida. A Páscoa de Cristo já se "realizou"; o verbo nesse caso está no passado: "foi imolado". Diante dela temos apenas o dever de crer e de celebrá-la. A Páscoa do cristão, ao contrário, está por "se fazer"; os verbos estão, nesse caso, no imperativo: "purifiquem-se, celebremos".

Reencontramos assim, no ambiente cristão, a característica dialética entre Páscoa de Deus e Páscoa do homem. Essa distinção reflete, aliás, outras distinções mais conhecidas e gerais: distinções entre kérigma e parenese; entre fé e obras; entre graça e liberdade; entre o Cristo-dom e o Cristo-modelo. A Páscoa de Deus, agora personificada por Cristo, é o objeto do kérigma; é dom de graça que se acolhe com fé e é sempre eficaz por si mesma. A Páscoa do homem é objeto da parenese; acontece mediante as obras e a imitação, exige a liberdade, depende das disposições do sujeito. A Páscoa aparece assim como a concentração de toda a história da salvação; nela se refletem as linhas e estruturas portadoras de toda a revelação bíblica e de toda a existência cristã.

A Tradição da Igreja compreendeu e desenvolveu essa tensão entre as duas dimensões da revelação, distinguindo, dentro do próprio sentido espiritual da Bíblia, dois componentes ou sentidos fundamentais: o sentido tipológico e o sentido tropológico. A *tipologia* (que São Paulo, em Gl 4, 24, chama *alegoria*) se dá quando se explica um "fato" do Antigo Testamento, palavra ou ação, com referência a outro fato do Novo Testamento referente a Cristo ou à Igreja. A *tropologia*, ou sentido moral, dá-se quando se explica um "fato" do Antigo ou do Novo Testamento em ordem a um "deve-se fazer". Mais tarde, quando a teologia começar a se dividir em diversos tratados autônomos, o primeiro sentido, o teológico ou alegórico, irá se tornar objeto da teologia dogmática, enquanto que o segundo sentido, o moral, tornar-se-á objeto da teologia moral e espiritual.

Essa doutrina patrística e medieval dos três, ou quatro, diversos níveis e sentidos da Escritura foi vista muitas vezes com suspeita e postergada em tempos recentes, mas ela se fundamenta, como poucas outras coisas, no próprio Novo Testamento. Recusá-la em bloco ou recusar até sua legitimidade significa desclassificar em bloco e definir como "pueril" o modo de ler as Escrituras dos apóstolos e do próprio Cristo. Trazemos um exemplo só, que mostra como os três níveis ou sentidos da Escritura até aqui lembrados, literal, tipológico e moral, estão claramente presentes quando São Paulo explica os acontecimentos da Páscoa em 1Cor 10,1s.:

a. O *sentido histórico ou literal*: "Os nossos pais estiveram todos sob a nuvem, todos atravessaram o mar" (10,1);

b. O *sentido tipológico ou alegórico*: "Aquela rocha era Cristo; todos foram batizados no mar, todos comeram o mesmo alimento espiritual e beberam a mesma bebida espiritual" (10,4). Os fatos do Êxodo são vistos como figuras (typoi) de Cristo e dos sacramentos da Igreja, Batismo e Eucaristia (cf. Cor 12,13);

c. O *sentido moral*: "Isto aconteceu como exemplo para nós, para que não desejássemos coisas más..., não fôssemos idólatras..., não nos entregássemos à fornicação..., não murmurássemos" (10,6s.).

Esse método de leitura nós o encontramos aplicado no Novo Testamento também a realidades concretas e instituições. Por exemplo, ao templo. Em sentido histórico, o templo é o templo de Salomão; em sentido tipológico ou alegórico é Jesus Cristo, o novo templo (cf. Jo 2,19); em sentido moral e pessoal é toda alma crente (cf. 1Cor 3,16). Não se pode, pois, rejeitar em bloco, em linha de princípio e em suas aplicações concretas, esse método de leitura dos Padres sem com isso desclassificar o modo de ler a Bíblia praticado em todo o Novo Testamento.

1. Voltar ao coração

Duas características ou regras dirigem a leitura do Antigo Testamento e de toda a Escritura. Primeira: o que aconteceu uma vez (*semel*) deve repetir-se todos os dias (*quotidie*). Segunda: o que aconteceu para todos de modo visível e material deve acontecer a cada um de modo interior e pessoal. Essas duas regras podem resumir-se em duas palavras: *atualização* e *interiorização*. Eu creio que a exegese recente, dita kerigmática ou existencial, por outro caminho chegou a essa conclusão quando insiste no "por mim" e no "aqui e agora" (*hic et nunc*) da Palavra de Deus.

Apliquemos agora tudo isso à Páscoa. Como podemos conceber essa Páscoa "quotidiana", de caráter pessoal e interior? No capítulo anterior já mostrei um aspecto dessa Páscoa moral ou Páscoa do homem: ela consiste na purificação do fermento velho do pecado. Agora, quero dar um passo adiante e mostrar como a espiritualidade pascal não se limita a este primeiro conteúdo negativo, que é a fuga do pecado, mas projeta sua luz também sobre o que vem depois, no caminho para a santidade.

A tradição bíblica e patrística interpretou de vários modos a ideia pascal de "passagem": como "passagem por cima" (*hyperbasis*), como "passagem através" (*diabasis*), como "passagem para o alto" (*anabasis*), como "passagem para fora" (*exodus*), como "passagem para a frente" (*progressio*) e, por fim, em alguns casos, como "passagem para trás" (*reditus*).

A Páscoa é um passar por "cima" quando indica Deus que passa e poupa ou protege; é um passar "através" quando indica o povo que passa do Egito à terra prometida, da escravidão à liberdade; é um passar "para o alto" quando o homem passa das coisas daqui debaixo para as do alto; é um passar "para fora" quando o homem sai do pecado ou da escravidão; é um passar "para a frente" quando o homem progride na santidade e no bem; enfim, é um passar "para trás" quando o homem passa da velhice para a juventude do espírito, quando "volta" às origens e reencontra o paraíso perdido.

Essas eram "modulações" da ideia de Páscoa que respondiam a esquemas e necessidades de seu tempo. Hoje creio que devemos procurar uma tonalidade nova para esse dinamismo pascal, uma nova ideia de passagem: o "passar para dentro", a introversão ou interiorização! O passar do exterior para o interior, de fora para dentro de nós. Do Egito da dispersão e da dissipação para a terra prometida do coração. Existe uma Páscoa esotérica no sentido mais positivo do termo, isto é, uma Páscoa que se desenvolve dentro, no segredo, ou que tende para o interior. Uma Páscoa centrípeta e não centrífuga. É essa Páscoa que quero ilustrar neste capítulo. Às vezes, celebram-se páscoas especiais na Igreja: a Páscoa dos trabalhadores, dos doentes, dos estudantes... Eu quero acrescentar também a Páscoa do homem interior, do homem "oculto no coração", como diz a Escritura (cf. Pd 3,4). No Deuteronômio encontramos essa prescrição com respeito à Páscoa: "Guardai-vos de celebrar a Páscoa em qualquer lugar, mas imolarás a Páscoa somente no lugar que o Senhor escolheu para fixar seu nome" (cf. Dt 16,5). Qual é este lugar escolhido pelo Senhor? Houve um tempo em que era o templo de Salomão, o templo histórico; agora, como vimos, é o templo espiritual ou pessoal que é o coração do crente. *Sejamos nós o templo do Deus vivo!* (2Cor 6,16). É aí, pois, que se celebra em definitivo a verdadeira Páscoa sem a qual todas as outras ficam incompletas e são ineficazes.

Nossa atual cultura já não raciocina tanto com o esquema: embaixo-em cima, baixo-alto, terra-céu, mas principalmente com o esquema moderno de: objeto--sujeito, natureza-espírito, ou seja: o que está fora do homem e o que está dentro dele. Nesse sentido, interiorizar a Páscoa significa ao mesmo tempo atualizá-la, isto é, fazê-la significativa para o nosso tempo e para o homem de hoje. Também a Páscoa, como todas as grandes realidades da Bíblia, é uma "estrutura aberta", capaz de acolher novos desafios e novos conteúdos. Como a Escritura "cresce", fazendo crescer os que a leem" (São Gregório Magno, *Moralia*, 20, 1; PL 76, 135), assim a Páscoa cresce, fazendo crescer aqueles que a celebram.

Em que consiste essa "passagem para o interior", nós o procuramos em Santo Agostinho que, nesse como em muitos outros casos, mostra-se como o primeiro dos modernos. Num sermão ao povo ele comenta um versículo do profeta Isaías que, na versão por ele usada, dizia: "Voltai ao coração, ó prevaricadores (*redite, praevaricatores ad cor*", Is 46,8). Em certa altura ele faz esse apelo apaixonado: "Reentrai em vosso coração! Para onde quereis ir distantes de vós mesmos? Estando distantes haveis de vos perder. Por que vos colocais em estradas desertas? Deixai esse caminho que vos conduz fora do rumo; voltai ao Senhor. Ele está pronto. Primeiro entra em teu coração, tu que te tornaste estranho a ti mesmo por tanto vaguear: não conheces a ti mesmo e procuras aquele que te criou! Volta, volta ao coração, separa-te do corpo... Volta ao coração: aí examina aquilo que talvez percebas de Deus, porque aí se encontra a imagem de Deus; na interioridade do homem habita Cristo, na tua interioridade serás renovado segundo a imagem de Deus" (*In Ioh. Ev.* 18, 10; CCL 36, p. 186).

Se queremos uma imagem plástica ou um símbolo que nos ajude a realizar essa conversão interior, o Evangelho oferece-nos um episódio, o de Zaqueu. Zaqueu é um homem que quer conhecer Jesus e, para consegui-lo, sai de sua casa, esconde-se entre as folhas de uma árvore... Procura-o fora. Mas eis que Jesus, passando, vê-o e lhe diz: *Zaqueu, desça logo daí porque hoje devo ficar em sua casa* (Lc 19,5). Jesus reconduz Zaqueu à sua casa e ali, em segredo, sem testemunhas acontece o milagre: ele fica conhecendo verdadeiramente quem é Jesus e encontra a salvação. Nós nos parecemos muitas vezes com Zaqueu. Procuramos Jesus e o procuramos fora, nas estradas, no meio da multidão. E é o próprio Jesus que nos convida a reentrar em nossa casa, em nosso próprio coração, onde ele deseja encontrar-se conosco.

2. Interioridade, um valor em crise

Há um motivo que justifica essa insistência na Páscoa do homem interior. E que a interioridade é um valor em crise. A "vida interior", que em um tempo era quase sinônimo de vida espiritual, agora tende a ser vista com suspeita. Há dicionários de espiritualidade que omitem totalmente as palavras "interioridade" e "recolhimento" e outros que a trazem, mas não sem expressar certa reserva. Fazem notar, por exemplo, que afinal não existe nenhum termo bíblico que corresponda exatamente a essas palavras; que poderia ter havido neste ponto uma influência determinante da filosofia platônica; que isso poderia favorecer o subjetivismo... Um sintoma revelador dessa diminuição do gosto e da estima da interioridade é sorte que coube à *Imitação de Cristo*, que é uma espécie de manual de introdução à vida interior. De livro mais amado entre os cristãos depois da Bíblia, passou a ser em poucos decênios um dos livros menos queridos e menos lidos.

Algumas causas dessa crise são antigas e inerentes à nossa própria natureza. A nossa "composição", isto é, o sermos constituídos de carne e espírito, faz de nós como que um plano inclinado, mas inclinado para o exterior, o visível e o múltiplo. Como o universo, depois da explosão inicial (o famoso Big-bang), nós também estamos em fase de expansão e de afastamento do centro. *A vista não se cansa de ver, nem o ouvido se farta de ouvir, diz a Escritura* (Ecl 1,8). Estamos perenemente "de saída" por essas cinco portas que são os nossos sentidos. Outras causas são ainda mais específicas e atuais. Uma é a emergência do "social", que é certamente um valor positivo de nossos tempos, mas que, se não for reequilibrado, pode acentuar a projeção para o exterior e para a despersonalização do homem. Na cultura secularizada e laica de nossos tempos, o papel desempenhado pela interioridade cristã foi assumido pela psicologia e pela psicanálise que, porém, limitam-se ao inconsciente do homem e a sua subjetividade, prescindindo de sua íntima ligação com Deus.

No campo eclesial, a ideia conciliar de uma "Igreja para o mundo" fez que, às vezes, o ideal antigo de fuga *do mundo* fosse substituído pelo ideal de fuga *para o mundo*. O abandono da interioridade e a projeção para o exterior são um aspecto, entre os mais perigosos, do fenômeno do secularismo. Houve uma tentativa de justificar teologicamente esta nova orientação que tomou o nome de "teologia da morte de Deus", ou "da cidade secular". Deus mesmo, dizem, deu-nos o exemplo. Encarnando-se ele se esvaziou, saiu de si mesmo, da interioridade trinitária, ele se "mundanizou", isto é, dispersou-se no profano. Tornou-se um Deus "fora de si".

Como sempre, à crise de um valor tradicional no cristianismo se deve responder por meio de uma recapitulação, retomando as coisas desde seu princípio, para levá-las a uma nova plenitude. Com outras palavras, trata-se de retomar a Palavra de Deus e, à sua luz, reencontrar na própria Tradição o elemento vital e perene, livrando-o dos elementos superados de que se revestiu no correr dos séculos. Foi esse o método seguido pelo Concílio Vaticano II em todos os seus trabalhos. Como na primavera se podam das árvores os ramos da estação passada, para possibilitar ao tronco ter uma nova floração, o mesmo é preciso fazer também na vida da Igreja.

3. A interioridade na Bíblia

Que é que encontramos na Bíblia sobre a interioridade? Colhamos alguns dados mais significativos

Já os profetas tinham lutado para deslocar o interesse do povo, das práticas exteriores do culto e do ritualismo, para a interioridade da relação com Deus. *Porque este povo*, lemos em Isaías, *aproxima-se apenas com sua boca e louva-me apenas com seus lábios, enquanto o coração está longe de mim e o temor para comigo se baseia em um mandamento inculcado pelos homens* (Is 29,13). O motivo é que o *"homem vê as aparências, mas Deus perscruta o coração* (1Sm 16,7). *Rasgai os vossos corações, não as roupas,* lê-se num outro profeta (Jl 2,13).

É o tipo de reforma religiosa que Jesus retomou e realizou. Quem examinar a obra de Jesus e as suas palavras sem preocupações dogmáticas, do ponto de vista da história das religiões, notará antes de mais nada uma coisa: que ele quis renovar a religiosidade judaica, muitas vezes encalhada em ritualismos e legalismos, centrando-a novamente num relacionamento íntimo e vital com Deus. Ele não se cansa de chamar de volta para esse contexto "secreto", para o "coração", onde se opera o verdadeiro contato com Deus e com sua vontade, e do qual depende o valor de qualquer ação (cf. Mt 15,10ss.).

A motivação profunda que Jesus apresenta é que *Deus é Espírito e aqueles que o adoram devem adorá-lo em espírito e verdade* (Jo 4,24). Essa frase tem níveis de significados diversos, até ao mais profundo de todos em que "espírito e verdade" indicam o Espírito Santo e o Verbo, isto é, Deus mesmo e a sua realidade vivente. Mas certamente entre esses diversos níveis há também aquele em que "espírito e verdade" indicam a interioridade do homem, a sua consciência: o templo espiritual em oposição a lugares externos que eram então o templo de Jerusalém e o monte Garizin. Como para entrar em contato com o mundo, que é matéria, temos necessidade de passar através de nosso corpo, assim para entrar em contato com Deus, que é espírito, temos necessidade de passar através de nosso coração e de nossa alma, que é espírito.

Há ainda outra razão que Jesus apresenta muitas vezes. O que se faz externamente corre um grave perigo, quase inevitável, de hipocrisia. O olhar de outras pessoas tem o poder de fazer desviar nossa intenção, como certos campos magnéticos fazem desviar as ondas. A ação perde sua autenticidade e a sua recompensa. O parecer leva vantagem sobre o ser. Por isso Jesus convida a dar esmola às ocultas, a rezar ao Pai "em segredo" (cf. Mt 6,1-4). É verdade que não estamos ainda na ideia da interioridade secreta, ou da consciência do homem, mas estamos certamente nessa linha. Santo Ambrósio não deixa, pois, de ter razão quando comenta explicando o texto em que Jesus convida a entrar no próprio quarto e fechar as portas para rezar ao Pai: "Não pense que este quarto seja só o quarto cercado de paredes; é também o quarto que está em ti mesmo, no qual se fecham os teus pensamentos e no qual habitam os teus afetos" (*De Cain et Abel*, 1, 9; CSEL 32, 1, p. 372).

O chamado à interioridade encontra enfim sua motivação bíblica mais profunda e objetiva na doutrina da inabitação de Deus, Pai, Filho e Espírito Santo na alma, doutrina desenvolvida tanto por Paulo como por João (Jo 14,17.23; Rm 5,5; Gl 4,6).

Nesse contexto evangélico situa-se a ideia do "homem interior", ou do "homem escondido no coração", que às vezes encontramos no Novo Testamento (cf. Rm 7,22; 2Cor 4,16; 1Pd 3,4).

Que acrescentou a tudo isso a filosofia grega, especialmente a de Platão? Platão tinha também apresentado um programa de vida interior. Convida-nos a recolher-nos em nós mesmos, concentrar-nos afastando-nos da dispersão do mundo e do nosso próprio corpo (*Fédon*, 67 c; 83 a). Seu discípulo Plotino tomou e desenvolveu esse programa. No tratado sobre *O Bem e o Um* ele fala de um "entrar silenciosamente no isolamento e num estado que já não conhece perturbações", de um "entrar no interior, nos íntimos recônditos de si mesmo" (*Enéadas*, IX, 9, 9).

Mas, de novo, que acrescentava tudo isso à mensagem evangélica? Nada mais que um meio expressivo útil para tornar a mensagem bíblica mais próxima da cultura helenística do tempo, caracterizada por uma distinção entre alma e corpo, muito mais marcada do que a da Bíblia. Trouxe também um enriquecimento e uma acentuação no plano da expressão e dos símbolos. Os Santos Padres continuaram na linha do discurso de Paulo em Atenas: "Pois bem, o que vocês conseguiram entrever e procuraram tateando, nós o anunciamos como realidade" (cf. At 17,23). Mas o que trouxeram à doutrina platônica da interioridade é muito mais do que a contribuição que dela receberam. A novidade maior é esta: reentrando em si mesmo o homem encontra Deus e não um Deus genérico e impessoal, mas o Deus revelado em Cristo. Não encontra só o próprio espírito, mas o Espírito Santo! "Não saias, volta para ti mesmo", exorta Santo Agostinho, "no homem interior habita a verdade" (*De vera relig.* 39, 72; CCL 32, p. 234). Mas quem é para ele essa "verdade" nós já o vimos no texto acima, em que dizia: "Na interioridade do homem habita Cristo" (*In Ioh. Ev.* 18,10). Isso não vem de Plotino, mas de Paulo, que tinha falado de Cristo que habita pela fé em nossos corações (cf. Ef 3,17).

Para Plotino, voltar a si mesmo é um processo de subida até a unidade. Assemelha-se ao movimento dos raios que, procedendo da circunferência em direção ao centro, aos poucos se recolhem e convergem. Mas que se acaba encontrando no centro? Um simples ponto, homogêneo com o resto, isto é, o Uno. Pelo contrário, que encontramos segundo Agostinho tendo chegado ao centro, ao coração? Não um ponto, ou uma unidade impessoal, mas uma pessoa, um "tu": Jesus Cristo! Da interioridade pagã à cristã o salto é infinito. Esta última é definida com justeza como uma "interioridade objetiva". O homem, voltando a si mesmo, não encontra só a si mesmo, o seu eu, mas encontra o Outro por excelência, que é Deus. A interioridade cristã não é uma forma de subjetivismo, mas é o remédio para o subjetivismo.

Eu disse que a Páscoa é a passagem de fora para dentro de si. É certo; a Páscoa verdadeira e última não consiste em entrar em si mesmo, mas em sair de si mesmo; não consiste no encontrar-se, mas no perder-se, no negar-se. Chegando ao final de seu *Itinerário da alma a Deus*, São Boaventura escreve: "É preciso ainda que a nossa mente transcenda e vá além não só deste mundo visível, mas também de si mesma; e Cristo é o caminho e a porta para essa passagem, a escada e o veículo" (*Itin.* VII, 1). É preciso, porém, entrar em si mesmo para transcender a si mesmo. O mesmo São Boaventura o mostra com o exemplo do templo de Salomão. Para entrar no "Santo dos Santos", era preciso primeiro atravessar os umbrais externos do templo e entrar no "Santo". Somente daí, do interior, podia-se chegar ao Santo dos Santos, à presença de Deus (*Ibidem* III, 1;

V, 1). Só no término desse caminho é que se celebra a verdadeira Páscoa moral ou mística. Ela tem lugar, diz São Boaventura, quando o homem, "com fé, esperança e caridade, devoção e admiração, alegria, estima, louvor e júbilo, volta-se para Cristo suspenso na cruz e faz com ele a Páscoa, isto é, a passagem; passa o Mar Vermelho apoiado no lenho da cruz; do Egito entra no deserto; come o maná secreto e repousa com Cristo na tumba, morto para as coisas exteriores" (*Ibidem* VII, 2).

Isso já estava contido no grito de Santo Agostinho: "Entra em ti mesmo!", que prosseguia: "Se entrando em ti mesmo descobres que também tu és mutável, transcendes também a ti mesmo. Mas, transcendendo-te, lembra-te de que estás transcendendo tua alma que pensa. Procura, pois, chegar àquele ponto onde se acende a própria luz da razão" (*De vera relig.* 39, 72; CCL 32, p. 234). Agostinho pusera no mesmo plano, após a descoberta de Deus, os dois movimentos que consistem "no subir das coisas inferiores para as superiores, ou no entrar das coisas exteriores para as interiores" (*De Trinitate*, XIV, 3,5; CCL 50A, p. 426).

É preciso reconhecer que, com o passar do tempo, alguma coisa se ofuscou nessa visão clássica da interioridade cristã, contribuindo para a crise da qual falamos acima (*Dictionnaire de Spiritualité*, 7, 1970, col. 1889-1918). Em certas correntes espirituais, como em alguns místicos renanos, ofuscara-se o caráter objetivo dessa interioridade. Insistem no retorno ao "fundo da alma", mediante o que chamam de "introversão". Mas nem sempre fica claro se esse fundo da alma pertence à realidade de Deus ou à do eu; ou, pior ainda, se estamos diante dessas duas realidades panteisticamente fundidas. A interioridade objetiva torna-se totalmente objetiva, quando Deus substitui o eu (panteísmo), ou totalmente subjetiva quando o eu substitui Deus (ateísmo).

Nos últimos séculos o *método* havia prevalecido sobre o *conteúdo* da interioridade cristã, reduzindo-a por vezes a uma espécie de técnica de concentração e de meditação, mais do que a um encontro com Cristo vivo no coração, ainda que jamais tenham faltado esplêndidas realizações da interioridade cristã. A bem-aventurada Isabel da Trindade está na linha da mais pura interioridade objetiva quando escreve: "Encontrei o paraíso na terra, porque o paraíso é Deus e Deus está no meu coração" (Bem-aventurada Isabel da Trindade, *Lettera 107, a Madame de Sourdon*).

4. Retorno à interioridade

Não nos prendamos, porém, ao passado; voltemos ao presente. Por que é urgente voltar a falar de interioridade e até redescobrir seu gosto? Vivemos numa civilização toda projetada para o exterior, para fora. O homem envia suas sondas até a periferia do sistema solar e ignora as mais das vezes aquilo que está em seu próprio coração. Evadir, sair é uma espécie de palavra de ordem. Existe até uma literatura de evasão, espetáculos de evasão. A evasão é, por assim dizer, institucionalizada. Ao contrário, palavras que indicam uma conversão para a interioridade, como introversão, tomaram um sentido tendenciosamente negativo. O introvertido é visto como alguém voltado para si mesmo. O silêncio dá medo. Não se consegue viver, trabalhar, estudar sem ruído de vozes ou de música ao redor. Há uma espécie de *horror vacui*, de medo do vazio, que leva ao atordoamento. Jamais sós, é a palavra de ordem.

Uma vez tive a oportunidade de estar numa discoteca, convidado que fui para falar aos jovens ali reunidos. Isso me bastou para ter uma ideia do que ali se passa: a orgia do barulho, o rumor ensurdecedor como droga. Foram feitas pesquisas entre os jovens na saída da discoteca, e à pergunta: "Por que vocês se reúnem neste lugar?" alguns responderam: "Para não pensar!" Mas a que manipulações não ficam expostos jovens que já renunciaram a pensar? "Carreguem esses homens com mais trabalho para que estejam ocupados e não deem ouvidos às palavras mentirosas de Moisés", foi a ordem do Faraó do Egito (cf. Êx 5,9). A ordem tácita, mas não menos peremptória dos faraós modernos, é: "Encham de barulho esses jovens até ficarem atordoados, para que não pensem, não façam escolhas livres, mas sigam a moda que nos interessa, comprem o que lhes dizemos, pensem como queremos!" Para um setor muito influente de nossa sociedade, o do espetáculo e da publicidade, os indivíduos contam apenas enquanto são "espectadores", números que fazem subir a audiência dos programas.

É preciso opor a esse esvaziamento um "não" decidido. Os jovens são até os mais generosos e dispostos a rebelar-se contra as escravidões; e de fato existem muitíssimos jovens que reagem contra esse assalto e, em vez de fugir, buscam lugares e tempos de silêncio e de contemplação para de tempo em tempo se reencontrarem e, em si mesmos, reencontrarem a Deus. Jovens que descobriram a diferença que há entre ser simplesmente "espectadores" e, ao contrário, ser contemplativos. Eles ultrapassaram ao contrário a "barreira do som", essa terrível barreira entre nós e Deus.

A interioridade é o caminho para uma vida autêntica. Falam muito hoje em dia de autenticidade e a transformam em critério de êxito ou fracasso na vida. Mas onde está para o cristão a autenticidade? Quando é que um jovem é verdadeiramente ele mesmo? Só quando aceita Deus como medida. "Um guardador de animais que, se isso fosse possível, é um eu diante de suas vacas, é um eu muito pequeno; igualmente um soberano que é um eu diante de seus servos. Nenhum dos dois é um eu; em ambos os casos falta a medida... Mas que realidade infinita não adquire o eu quando tem consciência de existir diante de Deus, tornando-se um eu humano, cuja medida é o próprio Deus!" (S. Kierkegaard, *La malattia mortale*, II, in *Opere*, cit., p. 662). "Fala-se tanto, escreve o mesmo filósofo, de vidas desperdiçadas. Mas desperdiçada é somente a vida do homem que jamais teve, no sentido mais profundo, a impressão de que existe um Deus e, por isso mesmo, jamais se deu conta de que ele, ele próprio, o seu eu, está diante desse Deus" (*Ibidem*, p. 633). Verdadeiramente é na solidão que estamos menos sós!

À luz dessas palavras gostaria de dizer a todos os jovens: Jovens, não se contentem com ser apenas "guardadores de animais"; aspirem a ser essa coisa maravilhosa que é "um eu que existe diante de Deus!".

O Evangelho conta-nos a história de um jovem "guardador de animais" que um dia teve a coragem de mudar. Havia fugido da casa paterna e dissipado os seus bens e a sua juventude numa vida dissoluta. Mas um dia, "entrou dentro de si mesmo". Reviu sua vida, preparou as palavras que haveria de dizer e pôs-se a caminho rumo à casa paterna (cf. Lc 15,17). Sua conversão realizou-se antes de ele se levantar, no momento em que estava no meio dos porcos. Realizou-se no momento em que, como está escrito, "entrou em si mesmo". Em seguida não fez outra coisa senão o que tinha decidido fazer. A conversão exterior foi precedida pela interior e recebeu desta o seu valor. Quanta fecundidade nesse "entrar em si mesmo"! Não sei se Santo Agostinho teve em mente essas palavras quando lançava o convite: "Entra em ti mesmo!", mas é certo que o filho pródigo pôs em prática esse grito antes que o santo o teorizasse.

Não apenas os jovens são arrastados pela onda da exterioridade. São arrastadas mesmo as pessoas mais engajadas e ativas na Igreja. Também os religiosos! Dissipação é o nome da doença mortal que nos ameaça a todos. Acabamos sendo uma roupa virada no avesso, com a alma exposta aos quatro ventos. Num discurso aos superiores de uma ordem religiosa de contemplativos, Paulo VI disse: "Hoje, estamos vivendo num mundo que parece tomado por uma febre que se infiltra até no santuário e na solidão. Rumores e barulho invadiram quase todas as coisas. As pessoas não conseguem recolher-se. Presas de mil distrações, elas dissipam habitualmente as suas energias correndo atrás das diversas formas da cultura moderna. Jornais, revistas, livros invadem a intimidade de nossas casas e de nossos corações. É mais difícil que antes encontrar oportunidade para o recolhimento em que a alma consegue ocupar-se inteiramente de Deus".

Ninguém mais do que nós tem necessidade de fazer a Páscoa da qual estamos falando, e que consiste numa conversão interior. A antítese exata dessa Páscoa chama-se dissipação ou evasão, o derramar-nos para o exterior. Santa Teresa d'Ávila escreveu uma obra intitulada o *Castelo Interior*, que certamente é um dos melhores frutos da doutrina cristã sobre a interioridade. Mas existe, que pena, também um "castelo exterior", e hoje constatamos que também é possível alguém se fechar nesse castelo. Fechados fora de casa, incapazes de entrar. Prisioneiros da exterioridade! Santo Agostinho descreve assim a sua vida antes da conversão: "Tu estavas dentro de mim e eu fora de ti, e te procurava aqui embaixo, atirando-me infame sobre essas formas de beleza que são tuas criaturas. Tu estavas comigo, mas eu não estava contigo. Mantinham-me longe de ti essas criaturas que nem existiriam se não fosse por ti, que as fazes existir" (*Confissões*, X, 27). Quantos deveriam repetir essa amarga confissão: Tu estavas dentro de mim, mas eu estava fora!

Há muitos que sonham a solidão, mas apenas a sonham. Amam-na, contanto que continue sendo sonho e não se transforme em realidade. Na realidade, fogem dela com medo. O desaparecimento do silêncio é um sintoma grave. Desapareceram quase que de toda a parte aqueles cartazes típicos que havia nos corredores das casas religiosas, intimando em latim: *Silentium!* Creio que sobre muitos ambientes religiosos paira o dilema: Ou silêncio ou morte! Ou se recuperam clima e tempos de silêncio e de interioridade, ou temos o esvaziamento espiritual progressivo e total. Jesus chama o inferno de "trevas *exteriores*" (cf. Mt 8,12) e essa designação é muito significativa.

É preciso não se deixar enganar pela habitual objeção que diz: Deus encontra-se fora, nos irmãos, nos pobres, na luta pela justiça; encontra-se na Eucaristia que está fora de nós, na palavra de Deus etc. Tudo isso é verdade. Mas onde você irá "encontrar" verdadeiramente o irmão e o pobre senão em seu coração? Onde encontrar Jesus na Eucaristia senão na fé, isto é, dentro de você mesmo? Um verdadeiro encontro de pessoas não pode acontecer senão entre duas consciências, duas liberdades, isto é, entre duas interioridades.

Objeta-se ainda que, segundo a psicologia moderna, há duas categorias de pessoas, dois tipos humanos diversos: o introvertido e o extrovertido. O primeiro encontra Deus dentro de si; o segundo, fora de si, no cosmos ou nos outros. Sem dúvida, existe essa diferenciação, e nós mesmos podemos constatá-la na experiência de nosso dia a dia. Mas essa diversidade não pode aplicar-se assim, mecanicamente, na esfera espiritual. Quando se trata de Deus, entra em função uma premissa particular: Deus é espírito! Como, pois, você o encontrará fora, no cosmos, senão entrando para dentro de você mesmo, abrindo os olhos interiores da fé? Mesmo contemplando o cosmos e indo aos outros é preciso que estejamos, ainda que em medida diversa de caso para caso, habituados à interioridade. Senão, fora, no cosmos e nas criaturas mais belas já não veremos a Deus. Podemos lançar-nos sobre as criaturas e ser por elas levados para bem longe de Deus, como Santo Agostinho acabou de nos lembrar. Alguém pode ser um tipo introvertido e ter dificuldade no relacionar-se com os outros e no ir até o próximo, mas nem por isso pode escusar-se de agir, de cumprir seus deveres externos. A mesma coisa vale para o extrovertido no tocante à interioridade.

De mais a mais, é errado pensar que a insistência sobre a interioridade possa prejudicar o empenho na construção do reino e da justiça; pensar, com outras palavras, que afirmar o primado da interioridade possa prejudicar a ação. Interioridade não se opõe à ação, mas a certo modo de fazer a ação. Longe de diminuir a importância do *agir* por Deus, a interioridade a fundamenta e preserva.

Como muitas vezes acontece, quando entra em crise um valor espiritual ou de fé, dele sobra um simulacro que é o equivalente secular desse mesmo valor. O equivalente secular, ou natural, da interioridade chama-se hoje *introspecção* e, em outros campos, *concentração*. Os atletas e todos os que se empenham num empreendimento qualquer, que exige o emprego de todas as energias, conhecem a importância da concentração. Temos na lembrança as imagens de atletas, todos recolhidos em si mesmos, prontos para lançar-se rumo à meta, como se devessem entrar em contato com uma fonte misteriosa de energia que estivesse dentro deles. A mesma coisa faz o artista ou diretor de orquestra. Não há nada que prejudique tanto um atleta ou artista quanto o estar "desconcentrado", e é a isso que espontaneamente se atribui o eventual insucesso. Isso nos dá uma pálida ideia do que acontece no campo espiritual, da importância da contemplação e do recolhimento de que brota a ação.

Se quisermos imitar o que Deus fez, devemos imitá-lo em profundidade. É verdade que ele se esvaziou, saiu de si, da interioridade trinitária para vir ao mundo. Mas sabemos como isso aconteceu. "O que era continuou, o que não era tornou-se", diz um antigo provérbio a propósito da encarnação. Sem abandonar o seio do Pai, o Verbo veio morar entre nós. Ele estava "todo em si mesmo e todo em nós" (São Leão Magno, *Ep. ad Flavianum*, 3; PL 54,763). Nós também vamos na direção do mundo, mas sem jamais sair totalmente de nós mesmos. "O homem interior, diz a *Imitação de Cristo*, recolhe-se espontaneamente, porque nunca se perde totalmente nas coisas externas. Não lhe trazem nenhum prejuízo a atividade externa e as ocupações necessárias, porque sabe adaptar-se às circunstâncias" (II, 1).

5. O eremita e seu eremitério

Procuremos ver agora que fazer concretamente para encontrar e conservar o hábito da interioridade. Moisés foi um homem ativíssimo. Mas lê-se que mandou fazer para si uma tenda portátil, e em todas as etapas do Êxodo armava essa tenda fora do acampamento e regularmente ali se recolhia para consultar o Senhor. Ali o Senhor falava com Moisés "face a face, como um homem fala com outro" (Êx 33,11).

Mas isso nem sempre se pode fazer. Nem sempre nos é possível dirigir-nos a uma capela ou a um lugar solitário para reavivar o contato com Deus. São Francisco de Assis sugere outro meio ao nosso alcance. Enviando seus frades pelas estradas do mundo, dizia: Nós levamos sempre conosco um eremitério para onde quer que vamos, e toda a vez que o quisermos podemos, como eremitas, recolher-nos nesse eremitério. "O irmão corpo é o eremitério, e a alma o eremita que ali vive para rogar a Deus e meditar" (*Leg. Perug*. 80; FF 1.636). Francisco retoma assim, totalmente a seu jeito, a antiga e tradicional ideia da cela interior que cada um traz consigo, mesmo indo pelas estradas, na qual é sempre possível retirar-se em pensamento para reatar o contato vivo com a Verdade que habita em nós.

Maria é a imagem plástica da interioridade cristã. Ela que por nove meses trouxe também fisicamente o Verbo de Deus em seu seio, que o "concebeu no coração antes de concebê-lo no corpo", é o próprio ícone da alma introvertida, isto é, literalmente, voltada para dentro, atraída para dentro. Dela se diz que meditava no coração todas as coisas (cf. Lc 2,19). Interiorizava-as e as vivia dentro de si mesma. Quanta necessidade tem a Igreja de espelhar-se nesse modelo! Nunca, como nesse caso, necessitaria tomar a sério a doutrina do Vaticano II, segundo a qual Maria é "figura da Igreja": o que nela se observa deveria ser visto também na Igreja.

Peçamos a ela a graça de fazermos esta Páscoa nova, que consiste em passar da exterioridade à interioridade, do barulho ao silêncio, da dissipação ao recolhimento, da dispersão à unidade, do mundo a Deus.

8
"PARTA DESTE MUNDO, Ó ALMA CRISTÃ"

O mistério pascal na morte

Há uma outra figura na saída do Egito, escreve Orígenes, que se realiza quando a alma deixa as trevas deste mundo e a cegueira da natureza corpórea e se transfere para o outro mundo, designado, no caso de Lázaro, como "seio de Abraão" (Lc 16,22) e, no caso do ladrão convertido na cruz, como "paraíso" (Lc 23,43) (Orígenes, *In Num*. 26,4; GCS 30, p. 249). Com outras palavras, depois de passar "dos vícios à virtude" e da exterioridade à interioridade, há uma última passagem a ser cumprida, uma última Páscoa que é o passar para fora do corpo e do mundo. Um último "mar vermelho" a atravessar: o da morte. Uma oração que se recita comumente à cabeceira dos moribundos lembra este significado da morte como de uma "páscoa" e de um "Êxodo": "Parta deste mundo, ó alma cristã..."

1. Da espera da parusia e a doutrina dos "Novíssimos"

Vejamos como a morte, a nossa morte, tem direito a um lugar no tratado sobre mistério pascal. Desde o início se nota na Páscoa cristã um forte componente escatológico, que toma a forma de uma espera pela volta de Cristo.

À pergunta tradicional "Por que velamos nesta noite?", um autor do início do século III respondia: "A razão é dupla: porque nela Cristo recebeu a vida depois da Paixão e porque nela receberá, um dia, o reinado sobre o mundo" (Lactâncio, *Div. inst.* VII, 19,3; CSEL 19, p. 645). O pensamento da parusia era tão vivo na vigília pascal que, no dizer de São Jerônimo, o bispo não tinha o direito de despedir o povo antes da meia-noite, porque até aquela hora sempre era possível que o esposo viesse, isto é, que acontecesse a Parusia (*In Matth.* IV, 25, 6; CCL 77, p. 236s.). Pensavam que a última noite do mundo, como a primeira, teria lugar também por ocasião da Páscoa.

Contudo, é preciso dizer que a espera da Parusia nunca foi o conteúdo principal da Páscoa cristã (como alguém sugeriu), como também nunca o foi a lembrança da criação ainda que presente na liturgia da festa. Na Páscoa os cristãos reuniam-se antes de tudo para comemorar a morte e a ressurreição de Cristo, o cumprimento da obra da salvação, e não para esperar ou antecipar sua vinda. O conteúdo principal da festa foi sempre histórico e comemorativo, ainda que o clima predominante fosse escatológico.

Com o passar do tempo nota-se uma evolução. Da escatologia passa-se para a *anagogia*. Em certo sentido, inverte-se o movimento: a ideia da vinda do Senhor até nós, pouco a pouco, é substituída pela ideia de nossa ida a ele; em vez do seu retorno à terra, nossa ida ao céu. Paralelamente, sobre a escatologia geral, ou da "Igreja", predomina a escatologia individual, ou da alma. Pouco a pouco cai a perspectiva do "quando" acontecerá o retorno do Senhor, mas fica a perspectiva essencial de "que" haverá um retorno do Senhor. O que mantém desperto nos cristãos o sentimento característico de urgência e de iminência e, portanto, de vigilância já não é a espera da parusia, mas o que mais tarde receberá o nome de "Novíssimos". A própria vigília pascal fica sendo um símbolo da vida eterna. "Com esta vigília, diz Santo Agostinho, reevocamos a noite na qual o Senhor ressuscitou e inaugurou para nós a vida eterna, na qual não há morte nem sono algum" (*Sermo* 221, 4; *Misc. Agost.* I, p. 460).

Não foi um recuo, mas um amadurecimento na fé. Já se escreveu com justiça que todo esse processo de transformação da escatologia não foi motivado pela desilusão diante do retardamento da parusia, mas sim pelo entusiasmo por seu cumprimento. "O *eschaton* que devia acontecer transformou-se numa presença de eternidade, da qual se fazia a experiência no culto e no espírito. Não desilusões, mas o pleno cumprimento de todas as esperanças é que esteve na origem dessa transformação" (J. Moltmann).

Como sempre, a Tradição da Igreja foi o ambiente onde aconteceu essa evolução e onde se conservou sua lembrança. Tudo que a Escritura diz sobre o cumprimento final da salvação ela o reuniu num "sentido" particular, chamado anagogia, como um terceiro aspecto ou nível da leitura espiritual, depois do tipológico e do moral. A Idade Média sintetizou essa doutrina da Escritura neste célebre dístico:

> "A *letra* diz o que aconteceu; a *alegoria*, o que crer.
> A *moral*, o que fazer; a *anagogia*, o que procurar".
> (*Littera gesta docet, quid credas allegoria. Moralis quid agas, quo tendas anagogia.*)

Fazendo aplicação desse esquema à Páscoa, um autor medieval diz com perfeita coerência: "A Páscoa pode ter um significado histórico, um alegórico, um moral e um anagógico. Historicamente, a Páscoa aconteceu quando o anjo exterminador passou pelo Egito; alegoricamente, quando a Igreja, pelo batismo, passa da infidelidade à fé; moralmente, quando a alma, pela confissão e contrição, passa do vício à virtude; anagogicamente, quando passamos da miséria desta vida às alegrias eternas" (Sicardo de Cremona, *Mitrale*, VI, 15; PL 213, 543).

A escatologia sobrevive, pois, na consciência cristã e na liturgia da Páscoa na forma de uma orientação constante para as coisas do alto (cf. Cl 3,1), para a Páscoa eterna, como lembrança constante de nosso próprio fim e de nossa própria finalidade. Traduzindo ao pé da letra, *anagogia* indica a tendência para o alto.

Fiz essas breves observações para mostrar como e a que título o primeiro dos Novíssimos, a morte, entra num tratado sobre o mistério pascal, porque é justamente dela que queremos ocupar-nos a partir de agora. Veremos depois que não é só por este título que a morte faz parte do mistério pascal, e que há ainda outro mais profundo e mais intrínseco.

2. A morte na consideração sapiencial

Há dois modos de considerar a morte: um modo sapiencial, que a Bíblia tem em comum com filosofia, as religiões, a poesia; um modo mistérico ou pascal, que é próprio e exclusivo do cristianismo. No primeiro modo, temos uma morte pedagoga; no segundo, uma morte mistagoga, porque introduz no mistério e é, ela mesma, parte do mistério cristão. Como a graça supõe a natureza e a transcende sem negá-la, assim a consideração mistérica ou pascal da morte ilumina e supera sua consideração natural sem, porém, fazê-la inútil. Ambas as perspectivas estão também entre si como o Antigo e o Novo Testamento. O Antigo Testamento oferece-nos uma visão sapiencial da morte; o Novo Testamento, uma visão mistérica, cristológica e pascal.

Consideremos antes de tudo a morte na perspectiva sapiencial. Dizia eu que o Antigo Testamento nos oferece uma visão essencialmente sapiencial da morte. De fato, dela se fala diretamente só nos livros sapienciais da Bíblia: Jó, Salmos, Eclesiastes, Eclesiástico, Sabedoria. Todos esses livros consagram uma notável atenção ao tema da morte. "Ensina-nos a contar os nossos dias, diz um salmo, e chegaremos à sabedoria do coração" (Sl 90,12). Somente no livro da Sabedoria, que é um dos mais recentes entre os livros sapienciais, a morte começa a ser esclarecida pela ideia de uma retribuição ultraterrena.

Dizia que, desse ponto de vista, as respostas da sabedoria bíblica não diferem essencialmente das de outras ciências profanas. Para Epicuro, a morte é um falso problema. "Quando eu existo, dizia, não existe a morte; quando existe a morte, não existo eu." Portanto, ela não nos diz respeito. Basta não pensar nela. Quando nasce um homem, dizia Santo Agostinho, levantam-se várias hipóteses: talvez seja bonito, talvez seja feio; talvez seja rico, talvez seja pobre; talvez tenha vida longa, talvez não... Mas de nenhum se diz: talvez morra, ou talvez não morra. Esta é a única coisa absolutamente certa nesta vida. Quando sabemos que alguém está doente de hidropisia (doença então incurável, hoje há outras) dizemos: "Coitado, vai morrer; está condenado, não há remédio". Mas por que não dizer a mesma coisa de quem nasce? "Coitado, deve morrer, não há remédio, está condenado!" Que diferença faz viver no tempo um pouco mais ou um pouco menos? A morte é a doença mortal que todos contraímos quando nascemos (*Sermo*, 229 Guelf. 12, 3; *Misc. Agost.* I, p. 482s.). Certamente mais do que uma vida mortal devemos considerar nossa vida uma "morte vital, um viver morrendo" (Santo Agostinho, *Confissões*, I, 6, 7).

Esse último pensamento foi retomado em clave secularizada por Heidegger, que fez a morte tornar-se, de pleno direito, objeto da filosofia. Definindo a vida do homem "um-ser-para-a-morte" (cf. *Essere e Tempo*, § 51, Milão 1976, p. 308s.), ele faz da morte não um incidente que põe fim à vida, mas a própria substância da vida, aquilo de que ela é feita. Viver é morrer. O homem não pode viver sem desgaste e diminuição de sua vida, sem morrer cada momento. Viver para a morte significa que a morte não é só o *fim*, mas é também a *finalidade* da vida. Nascemos para morrer, não para outra coisa. É a mais radical inversão da visão cristã, segundo a qual o homem é um ser para a eternidade.

Em tempos recentes uma nova ciência, ignorada dos antigos, ocupou-se da morte: a psicologia. Há psicólogos que veem na "recusa da morte "a verdadeira mola de todo o agir humano, do qual também o instinto sexual, posto por Freud na base de tudo, não seria nada mais do que uma manifestação (cf. E. Becker, *Il rifiuto della morte*, Roma, 1982).

Mas talvez sejam ainda os poetas os que dizem palavras de sabedoria mais simples e mais verdadeiras sobre a morte. Um deles descreveu a situação e o estado de ânimo do homem diante do mistério da morte e da sua muda inevitabilidade nestes quatro pequenos versos:

> A gente
> é como folhas
> das árvores
> no outono (G. Ungaretti).

O mal de toda essa sabedoria humana sobre a morte é que não consola nem tira o medo da morte. É como o sol de inverno que ilumina mas não aquece nem derrete o gelo. Todas as culturas e todas as épocas puseram-se diante da morte como diante de um enigma que não se consegue decifrar e que sempre reaparece em toda a parte e permanece insolúvel apesar de todas as tentativas de se encontrar a chave de solução. Esse enigma é muito especial: não espera. Antes que você o vença, é ele que vence você e o leva embora. É um pouco como alguém que, querendo estudar o movimento das ondas do mar, se equilibrasse sobre uma prancha na crista de uma delas: antes mesmo de poder ajeitar-se, a onda já o terá atirado para a praia.

3. A morte na consideração pascal

Também no Novo Testamento encontramos palavras "sapienciais" sobre a morte, que lembram as do Antigo Testamento. O grito de Deus ao homem rico: *Estúpido! Nesta mesma noite sua vida será requisitada! Para quem vai ficar o que você ajuntou?* (Lc 12,20) é tomado do Eclesiastes e do Eclesiástico (cf. Ecl 11,19; Eclo 2,21). Mas não é essa a novidade. Se Jesus tivesse feito apenas isso, a situação dos homens diante da morte não teria sido mudada em muito. Quando ele morre por nós na cruz, quando "um morre por todos", as coisas mudam radicalmente, e a própria morte torna-se uma coisa nova. Jesus falara de sua morte como de um "Êxodo" pascal (cf. Lc 9,31), e João orienta todo o seu evangelho de modo que fica claro que a morte de Cristo na cruz é a nova Páscoa. O evangelista cria até uma nova acepção da palavra "Páscoa" para poder fazê-la significar a morte de Cristo. A Páscoa é a "passagem de Cristo deste mundo para o Pai" (cf. Jo 13,1). Páscoa e morte de Cristo são agora duas coisas tão intimamente unidas que fazem os cristãos entenderem, como já dissemos, que o próprio termo *Pascha* deriva de *passio*, isto é, de paixão, e se chama assim por causa da morte de Cristo.

Mas não é só o nome da morte que muda; muda também a sua natureza. O homem nasce para morrer, disse o filósofo. Essa frase que, como vimos, tomada ao pé da letra é a exata antítese da visão cristã, lida com olhos da fé, mostra-se-nos, o contrário, como a perfeita formulação do próprio mistério cristão. Na verdade, de Cristo se diz que ele "nasceu para poder morrer" (São Gregório Nisseno, *Or. Cat.* 32; PG 45, 80; Santo Agostinho, *Sermo* 23A, 3; CCL 41, p. 322). Ele, Deus, tomou uma carne mortal para poder com ela lutar contra a morte e vencê-la. A morte, diziam os Padres, atacou a Cristo, devorou-o como estava habituada a fazer com todos os homens, mas não pôde "digeri-lo", porque nele estava Deus, e assim ela foi morta. "Com o Espírito, que não podia morrer, Cristo matou a morte que matava os homens" (Melitão de Sardes, *Sobre a Páscoa*, 66; SCH 123, p. 96). A liturgia, tanto a oriental como a latina, sintetizou essa visão dramática da redenção num versículo que não se cansa de repetir no tempo pascal: "Morrendo destruiu a morte".

A morte humana já não é a mesma de antes. Interveio um fato decisivo. Na fé, percebe-se a incrível novidade que só a vinda de um Deus à terra podia provocar. Ela perdeu o seu aguilhão, como uma serpente cujo veneno só é capaz agora de adormecer a vítima por algum tempo sem poder matá-la. *A morte foi tragada pela vitória. Onde está, ó Morte, a sua vitória? Onde está, ó Morte, o seu ferrão?* (1Cor 15,55). Foi derrubado o último muro. Entre nós e Deus erguiam-se três muros de separação: o da natureza, o do pecado e o da morte. O muro da natureza foi derrubado pela encarnação, quando a natureza humana e a divina se uniram à pessoa de Cristo; o muro do pecado foi derrubado na cruz, e o muro da morte, na ressurreição. A morte já não é um muro diante do qual tudo se rompe, mas tornou-se uma porta, uma passagem, literalmente: uma Páscoa. Um "mar vermelho" graças ao qual se entra na terra prometida.

Na verdade, Jesus não morreu só para si; não nos deixou apenas um exemplo de morte heroica, como Sócrates. Fez bem mais. *Um morreu por todos, e, portanto, todos morreram* (2Cor 5,14). Jesus *provou a morte para vantagem de todos* (Hb 2,9). Afirmação extraordinária que só não nos leva a gritar de alegria porque não a tomamos suficientemente a sério e em toda a sua profundidade como merece. Repito: trata-se de Deus! Jesus pode fazer isso porque é Deus também. E só ele pode fazê-lo. Batizados que somos na morte de Cristo (Rm 6,3), entramos numa relação real, embora mística, com essa morte, tornamo-nos participantes dela, tanto que o Apóstolo teve a coragem de proclamar na fé: *Vocês estão mortos* (Cl 3,3). Já que pertencemos a Cristo mais do que a nós mesmos (cf. 1Cor 6,19-20), segue-se inversamente que o que é de Cristo pertence-nos mais do que aquilo que é nosso. A sua morte é mais nossa do que a nossa morte. São Paulo alude também a esse significado quando diz aos cristãos: "O mundo, a vida, a *morte*, o presente, o futuro: tudo é seu porque vocês são de Cristo" (cf. 1Cor 3,22-23). A morte é nossa mais do que nós somos dela!

Também a nossa morte, não só a de Cristo, tornou-se uma Páscoa. Santo Ambrósio escreveu um opúsculo intitulado "*Do bem que é a morte*" (*De bono mortis*) e já o título é significativo da mudança que aconteceu. Nesta obra diz ele, entre outras coisas: "A morte é a passagem universal. É necessário que você passe corajosamente. A passagem, afinal, é da corrupção para a incorruptibilidade, da mortalidade para a imortalidade, da perturbação para a tranquilidade. Não o espante, pois, o nome de morte, mas alegre-se com as vantagens dessa passagem" (*De bono mortis*, 4, 15; CSEL 32,1, p. 716s.). Aplica à morte, como vemos, a mesma definição que em outro lugar dera à Páscoa. Como a dizer: chama-se morte, mas é uma Páscoa!

A nossa morte não entra, pois, na esfera do mistério pascal apenas como o primeiro dos Novíssimos, mas também por um motivo mais profundo e mais intrínseco. Não só por aquilo que está na frente dela, mas também por aquilo que está por detrás dela. Não apenas por causa da escatologia, mas também por causa da história. Ela já não é apenas uma terrível pedagoga que ensina a viver, uma ameaça e uma força de dissuasão; tornou-se uma morte mistagoga, um caminho para chegar ao coração do mistério cristão. O cristão que morre pode dizer com toda a verdade: "Completo na minha carne o que falta à morte de Cristo", e: "Já não sou eu quem morre, Cristo é que morre em mim".

4. Os cristãos diante da morte

Agora deixemos os princípios e passemos a considerar as realizações práticas. Como viveram os cristãos a novidade trazida por Cristo, a sua vitória sobre a morte? Não posso nem saberia fazer uma resenha exaustiva. Uma coisa, porém, posso fazer e é o que mais importa: repensar como apreendi a morte, como me foi transmitida no ambiente cristão em que vivi e cresci e convidar quem lê a fazer o mesmo.

Todos guardamos lembranças indeléveis daquilo que constituía outrora a "ritualização" da morte, na família e na Igreja: cantos, ritos, costumes. A morte tinha uma solenidade toda sua. Não era certamente uma morte banalizada. Mais tarde, contudo, vi também o que faltava nessa visão da morte sob o ponto de vista propriamente cristão. Em boa parte era uma herança religiosa dos séculos 17 e 18, uma época que deu à Igreja muitos santos e que certamente não se pode desprezar, mas que tinha perdido sob diversos aspectos o contato vivo com a Palavra de Deus, o que causou, por isso mesmo, o seu empobrecimento. A visão dominante da morte não era a mistérica, mas a sapiencial. A morte era vista essencialmente como uma mestra da vida, uma pedagoga severa que afastava dos vícios. O gosto pelo macabro, embora não sendo novidade na arte, então se alastrava também em formas que nada tinham de artísticas: criptas com ossos de mortos abertas aos visitantes, caveiras por toda a parte. Todos os quadros de santos pintados nesse período traziam uma caveira, mesmo os de São Francisco de Assis que chamara a morte de "irmã". Isso é até uma espécie de critério na datação de um quadro. O macabro dominava sobretudo nos livros de meditação sobre a morte.

Quase todos nós assistimos pessoalmente à crise e ao rápido desaparecimento desse tipo de religiosidade da morte. Contra ela lançaram-se raios da cultura dos descrentes, marxistas ou não. "Os cristãos pensam na morte e não na vida. Estão mais voltados para o além do que para este mundo e as suas necessidades. São infiéis à terra. Desperdiçam no céu os tesouros destinados à terra!" Ou ainda: "A Igreja serve-se do medo da morte para dominar as consciências!"

Assim, pouco a pouco o que aconteceu com ideia de eternidade aconteceu também com ideia da morte: foi banida da pregação cristã. Uma bandeira abaixada. É uma constatação comum: já não se fala dos Novíssimos. Há uma espécie de má consciência e de mal-estar que o impede. A cultura secular e leiga, de seu lado, escolheu o caminho da remoção do pensamento da morte. Fez dela um tabu. Entre pessoas de bem não se deve falar dela em público. Não tendo diante dela nenhuma resposta válida para dar, preferiu o silêncio, ou melhor, a conspiração do silêncio.

Como sempre, também desta vez, a crise do valor cristão tem uma dupla causa: uma externa, que provém do assalto da cultura secular, e uma interna, devida ao ofuscamento no modo de viver e de anunciar esse valor. A retomada e a renovação de uma autêntica pregação cristã sobre os Novíssimos, e em particular sobre a morte, não pode consistir no retorno às formas de antigamente, à espiritualidade herdada dos séculos 17 e 18. É preciso salvar tudo o que ela possuía de bom, positivo e eficaz, inserindo-o, porém, em um novo contexto que corresponda à consciência da Igreja hoje.

Uma anotação da Constituição do Vaticano II sobre a liturgia, breve mas de grande alcance, ordenava: "O rito das exéquias exprima claramente a índole pascal da morte cristã" (*Sacrosanctum Concilium*, 81). Em seguida houve um grande esforço para reencontrar essa visão da morte que chamei de mistérica e pascal. O novo "Ritual das exéquias" traz uma introdução em que se diz que a liturgia cristã dos funerais é uma celebração do mistério pascal de Cristo Senhor. Os prefácios e as orações dos defuntos esforçam-se por traduzir na prática esse mesmo espírito. Na constituição sobre a Igreja no mundo contemporâneo, *Gaudium et Spes*, o Concílio dedica uma atenção particular ao problema da morte e procura uma resposta, baseada no mistério pascal, às inquietantes indagações que o homem desde sempre se propõe diante da morte.

Essas diretivas tiveram, em alguns casos, frutos maravilhosos. E sempre menos rara, em ambientes e comunidades de fé vivida, a experiência de funerais que se transformam em autênticas liturgias pascais com todas as suas características: o canto do aleluia, a serenidade, a festa. Assistindo a elas parece-nos ver realizada a palavra de São Paulo: "A morte transformou-se em vitória" (cf. 1Cor 15,55). E isso mesmo no caso de mortes trágicas de jovens. Temos então um formidável testemunho cristão, uma verdadeira epifania de fé.

5. "Você crê?"

Mas não podemos considerar-nos satisfeitos. As coisas que lembrei são ainda exceções. Faltam hoje aqueles gestos, sinais e palavras que por si sós transmitiam toda uma visão e a imprimiam de um modo indelével na mente. Talvez isso já não seja nem mesmo possível. Quando eu era criança, essas palavras eram quase que as únicas que se destacavam sobre as palavras do dia a dia, as únicas ouvidas e cantadas por todos ao mesmo tempo. A gente chegava do trabalho e ia para a igreja com os ouvidos virgens. Hoje estamos assediados de palavras, músicas e imagens. Nenhuma permanece por muito tempo na mente, e uma substitui logo a outra. É uma nova cultura, na qual devemos também anunciar o Evangelho sem esperar que mude. Qual é o meio que temos à disposição? É ainda o mesmo: o anúncio, o ministério da palavra. A Palavra de Deus, na verdade, não cessou de ser "como o fogo e como um martelo que arrebenta a rocha" (cf. Jr 23,29). Não cessou de distinguir-se das palavras humanas e de ser mais forte que elas.

Que devemos anunciar a nós mesmos e aos outros? "Anunciamos a tua morte, Senhor", dizemos na missa logo depois da consagração. Quando se trata de morte, a coisa mais importante no cristianismo não é o fato de que devemos morrer, mas o fato de que Cristo morreu. O cristianismo não tem necessidade de abrir caminho à custa do medo da morte. Abre caminho com a morte de Cristo. Jesus veio libertar os homens do medo da morte, não aumentá-lo. O Filho de Deus, lê-se na carta aos Hebreus, assumiu carne e sangue como nós *para reduzir à impotência, mediante a morte, aquele que tem o poder da morte, isto é, o diabo, e libertar assim aqueles que, por temor da morte, estavam submetidos à escravidão por toda a vida* (Hb 12,14-15). É um erro muito grande e um sério transtorno quando se chega a pensar o contrário. Jamais se prega o suficiente sobre isso.

Devemos também criar em nós certezas de fé elementares, mas radicadas até a medula, para as transmitir aos outros, não como comunicação de doutrina, mas como comunicação de vida. Se Jesus morreu por todos, se "provou da morte para o bem de todos", isso quer dizer que a morte já não é aquela incógnita, aquele imprevisto do qual tanto se fala. Dizem: estamos sós, absolutamente sós diante da morte; ninguém pode morrer em nosso lugar; cada um deve, sozinho e de uma vez, atravessar essa terrível "ponte dos suspiros"; é uma estupidez dizer "morre-se", como se tratasse de um acontecimento impessoal, porque sou eu que morro e basta, e ninguém morre comigo ou em meu lugar.

Mas isso já não corresponde totalmente à verdade, porque um morreu em meu lugar. Aqui é preciso recorrer à fé e firmar-se nela, sem recuar diante de qualquer assalto da incredulidade que vem de dentro ou de fora de nós. *Se morremos com ele, com Ele também viveremos* (2Tm 2,11). Se morremos "com Ele": portanto, é possível morrer em companhia de alguém!

O problema é o mesmo que Jesus propôs a Marta: Você crê, sim ou não? Ah, se estivesses aqui! diz Marta, e Jesus: *Eu sou a ressurreição e a vida; quem crê em mim, ainda que morto, viverá... Você acredita nisto?* (Jo 11,21-26). Ser cristão significa isso, e não outras realidades culturais, políticas ou de qualquer outro tipo. Significa: estar unido a Cristo para a vida e para a morte. Membro de uma cabeça que, também por ti, passou pela morte.

O que faz tão singular a morte é que ela não pode ser conhecida sem ser antes experimentada, e quem a experimentou já não pode falar dela. Na verdade, é impossível antecipar a própria morte, domesticá-la, dosá-la e prová-la antes como se faz com outras coisas. Ela está fora de nosso alcance. Não se pode neutralizá-la assumindo-a em pequenas doses, como o famoso veneno de Mitrídates. É preciso enfrentá-la de uma vez, *semel*, como diz a carta aos hebreus (Hb 9,27). Morre-se uma vez só.

Terrível seriedade a da morte! E, no entanto, em Cristo, também esse aspecto é diferente. Ele provou a morte por mim, a minha morte. Foi à minha frente. Na medida em que me identifico com ele, que cresço nele, eu me aproprio de minha morte e, em certo sentido, experimento-a. Posso dizer com São Paulo: "Morro um pouco cada dia: *quotidie morior*" (1Cor 15,31).

São do mesmo apóstolo estas elucidativas palavras: *De fato, nenhum de nós vive para si mesmo, e nenhum de nós morre para si mesmo. Pois, se vivemos, é para o Senhor que vivemos; se morremos, é para nosso Senhor que morremos. Quer vivamos, quer morramos, pertencemos a nosso Senhor* (Rm 14,7-8). Que quer dizer? Que a contradição máxima, depois de Cristo, já não está entre viver e morrer, mas entre viver para si mesmo e viver para o Senhor. Se alguém vive para o Senhor, morte e vida são apenas dois modos de estar com ele: primeiro no perigo, depois na segurança.

Portanto, agora já existe um remédio eficaz contra o medo da morte. Os homens nunca deixaram, desde que o mundo é mundo, de procurar remédios contra a morte. Um desses remédios se chama prole: sobreviver nos filhos. Outro remédio ainda, ligado à ideologia marxista, chama-se "o gênero", ou "a espécie": o homem termina como indivíduo e como pessoa, mas sobrevive no gênero humano que é imortal. Em nossos dias vai-se difundindo a crença em um novo remédio: a reencarnação. Mas é uma estupidez. Os que professam tal doutrina como parte integrante de sua cultura e religião sabem também que ela não é remédio nem consolo, mas punição. Não é uma prorrogação concedida ao gozo, mas à purificação. Conforme eles, a alma reencarna-se porque há ainda alguma coisa para expiar e, se deve expiar, deverá sofrer. A reencarnação pode servir para tudo, menos para infundir consolo diante da morte. Existe um só e único remédio para a morte: Jesus Cristo, e infelizes de nós cristãos se não o proclamamos ao mundo.

6. A pedagogia da morte

Teríamos de concluir que a consideração sapiencial da morte já seja inútil, que já não temos necessidade da morte *pedagoga*, uma vez que conhecemos a morte *mistagoga*? Absolutamente! A vitória pascal de Cristo sobre a morte faz parte do kérigma. Mas sabemos que o kérigma não anula, mas antes aprofunda a parenese, isto é, o apelo para uma mudança de vida.

A consideração sapiencial da morte conserva, depois de Cristo, a mesma função que tem a lei depois da vinda da graça. A lei, está escrito, foi dada para os pecadores (cf. 1Tm 1,9), e nós somos ainda pecadores, isto é, sujeitos à sedução do mundo e das coisas visíveis, tentados sempre a "conformar-nos ao mundo". "De manhã, exorta a *Imitação de Cristo*, não contes com chegar até a noite. De noite, não ouses prometer-te o amanhã" (I, 23). Eis por que os Padres do deserto cultivavam o pensamento da morte, fazendo dele uma prática constante, uma espécie de baluarte de sua espiritualidade, mantendo-o vivo por todos os meios. Um deles, que trabalhava tecendo lã, costumava deixar cair de quando em quando o fuso por terra "e trazia a morte ante seus olhos antes de apanhá-lo" (*Apoftegmas do manuscrito Coislin*, 126, n. 58). Estavam apaixonados pelo ideal da sobriedade, e o pensamento da morte é o mais apto para criar no homem esse estado de sobriedade. Ele acaba com as ilusões, com a embriaguez e as exaltações vãs. Põe o homem diante da mais absoluta verdade.

Olhar a vida do ponto de vista da morte é uma ajuda extraordinária para viver bem. Você está angustiado por problemas e dificuldades? Avance um pouco, coloque-se no ponto certo: olhe essas coisas desde o leito de morte. Como gostaria de ter agido? Que importância daria a essas coisas? Proceda assim e estará salvo! Tem um problema com alguém? Olhe a coisa desde o leito de morte. Que gostarias então de ter feito: ter vencido, ou se ter humilhado? Ter prevalecido, ou ter perdoado?

A morte pedagoga conserva a graça e está a serviço da morte-mistério também de outro modo. Impede-nos, na verdade, de nos prender às coisas, de fixar aqui embaixo a morada do coração, esquecidos que "não temos aqui morada permanente" (cf. Hb 13,14). O homem, diz um salmo, *quando morre, não leva nada consigo nem vai com ele a sua glória* (Sl 49,18). A morte pedagoga serve ainda para nos ensinar a vigilância, a estarmos preparados. Na morte realiza-se a mais estranha combinação de dois opostos: a certeza e a incerteza. Ela é ao mesmo tempo a coisa mais certa e a mais incerta. A coisa mais certa "que" acontecerá para nós, a mais incerta "quando" acontecerá. *Estejam, pois, vigilantes, porque vocês não sabem o dia nem a hora* (Mt 25,13). Pode ser a qualquer momento. Um dia Davi, perseguido por Saul, teve uma exclamação que ficou impressa em minha mente por sua verdade universal: *Pela vida do Senhor! ... estou apenas a um passo da morte* (1Sm 20,3). Isso é sempre verdade, também agora, para todos nós: estamos a um só passo da morte. Sua possibilidade paira sobre nós a cada instante. Espera-nos em cada esquina! Quantos neste mesmo momento estão dando esse "passo"! Calcula-se que milhares de pessoas morrem a cada minuto, e muitas não pensavam que deveriam, como nós também não o pensamos agora...

Irmã Morte é, de fato, uma boa irmã mais velha. Ela nos ensina muitas coisas se soubermos ouvi-la com docilidade. A Igreja não tem medo de mandar-nos à sua escola. Na liturgia da quarta-feira de cinzas há uma antífona, de tons fortes, que soa ainda mais "forte" no texto original latino, especialmente se acompanhado do canto gregoriano. Diz: "Emendemo-nos e corrijamo-nos do mal que cometemos por ignorância. Não aconteça que, chegados de improviso à hora da morte, procuremos tempo para a penitência e já não o encontremos". Uma quaresma, um dia, uma hora só, uma boa confissão: como veríamos com outros olhos essas coisas naquele momento! Como as preferiríamos a coroas e reinos, à longa vida, à riqueza e à saúde!

A morte mistagoga não afugenta a morte pedagoga, mas a busca e a honra, como tampouco a graça não afugenta a lei, mas a procura e espontaneamente a ela se submete, sabendo que nos defende de nossos piores inimigos que são nossa volubilidade, nossa leviandade e imprudência. A morte pedagoga tem feito até mesmo santos. Houve, na Idade Média, um jovem brilhante e cheio de esperanças, que, vendo um dia o cadáver de um parente morto, ouviu sair dele uma voz: "O que tu és, eu fui; o que sou, tu serás!" Esse pensamento o tocou tanto que fez, do jovem mundano que era, um santo: São Silvestre abade.

7. A morte, pregador cristão

Tenho em mente outro campo, não só o espiritual e ascético, em que temos necessidade urgente da irmã morte por mestra: a *evangelização*. O pensamento da morte é quase a única arma que nos restou para sacudir do torpor a sociedade rica, à qual sucede o que sucedeu ao povo eleito libertado do Egito: *Comeu e ficou saciado,*

– *sim, engordou, ficou poderoso e recalcitrante e voltou as costas a Deus que o havia feito* (Dt 32,15). Quando numa sociedade os cidadãos já não se sentem tolhidos por nenhum freio, quando já não há nenhum meio de salvá-los do caos, o que se faz? Institui-se a pena de morte. Não quero afirmar que isso é justo; quero apenas dizer que, em outro sentido, devemos também nós voltar "à pena de morte". Voltar a lembrar aos homens essa pena antiga que jamais foi abolida; *És pó, e ao pó voltarás* (Gn 3,19). *Memento mori*: lembra-te que deves morrer!

Num momento delicado da história do povo eleito, Deus disse ao profeta Isaías: "Grita!" O profeta respondeu: "Que devo dizer?", e Deus: *Que toda a criatura é capim e todo o seu encanto é como a flor do campo. O capim seca, a flor fenece quando o sopro do Senhor os atinge. O capim seca, a flor fenece* (Is 40,6-7). Creio que Deus ainda hoje dá essa ordem a seus profetas, e o faz porque ama seus filhos e não quer que "como ovelhas sejam levados aos infernos, e quer que a morte seja seu pastor" (cf. Sl 49,15).

A morte é por si mesma um grande pregador cristão. Prega, de fato, "oportuna e inoportunamente". Prega em toda a parte: dentro e fora de casa, nos campos e nas cidades, na imprensa e na televisão. Até, como ouvimos, com as folhas das árvores no outono. Ninguém consegue silenciá-lo. É preciso escutá-lo a todo custo. Que formidável aliado temos nele se soubermos apoiá-lo, dar-lhe a voz e reunir ouvintes ao seu redor!

Mas, se dirá, queremos trazer de volta o medo da morte? Jesus não veio para libertar "os que eram prisioneiros do medo da morte"? Sim, mas é preciso ter conhecido esse medo para dele ser libertado. Jesus liberta do medo da morte quem a teme, não quem não a teme, quem ignora alegremente que deve morrer. Ele veio trazer o medo a quem não o tem, e tirá-lo de quem o tem. Veio para ensinar o medo da morte eterna àqueles que não conheciam nada mais do que o medo temporal da morte. Se os homens não se deixam convencer a fazer o bem por amor à vida eterna, que ao menos se convençam a fugir do mal por medo da morte eterna.

A segunda morte, como a chama o Apocalipse (Ap 20,6). Que é a segunda morte? É a única que, de fato, merece o nome de morte, porque não é uma passagem, uma Páscoa, mas um final, um terrível fim de linha. Não é nem sequer o puro e simples nada. Não. É um precipitar-se desesperadamente em direção ao nada, para fugir de Deus e de si mesmo, sem jamais o poder conseguir. É uma morte eterna, no sentido de um eterno morrer, uma morte crônica. Mas ainda nada foi dito no tocante à realidade. Ter uma ideia fraca do pecado, disse alguém, faz parte de nosso ser pecadores. Eu digo que ter uma ideia fraca da eternidade faz parte de nosso ser no tempo. Ter uma ideia fraca da morte faz parte de nosso estarmos ainda em vida.

É para salvar os homens desse perigo que devemos voltar à pregação da morte. Quem melhor do que Francisco de Assis conheceu o rosto novo e pascal da morte cristã? Sua morte foi, na verdade, uma passagem pascal, um *transitus*, e é com esse nome que é lembrada por seus filhos na vigília de sua festa. Quando se sentiu perto do fim, o Poverello exclamou: "Seja bem-vinda, minha irmã morte!" (Celano, *Vita seconda*, 153.217). E, no entanto, em seu *Cântico das criaturas*, ao lado de palavras dulcíssimas sobre a morte, ele tem algumas que estão entre as mais terríveis: "Felizes os que morrem na santíssima vontade de Deus, pois que a segunda morte não lhes fará mal algum. Mas infelizes os que morrem em pecados mortais!"

O ferrão da morte é o pecado, diz o Apóstolo (1Cor 15,56). O que dá à morte o seu mais terrível poder de angustiar o homem e de infundir-lhe medo é o pecado. Se alguém vive em pecado mortal, para ele a morte é ainda o ferrão, o veneno, como antes de Cristo, e, por isso, fere, mata e leva ao inferno. Não temam, dizia Jesus, a morte que mata o corpo e depois não pode fazer nada mais. Temam a morte que, depois de matar o corpo, tem o poder de lançar no inferno (cf. Lc 12,4-5). Abandone o pecado e com isso você terá também tirado à morte o seu ferrão!

8. Nascidos para morrer

Instituindo a Eucaristia, Jesus antecipou sua própria morte. Fez como os antigos profetas que, com suas "ações simbólicas" – como quebrar um jarro –, não só prenunciavam o que estava por acontecer, mas também o antecipavam, inserindo o futuro na história. Também Jesus, partindo o pão e distribuindo o cálice, antecipa a sua morte e dá-lhe o sentido que lhe queria dar; vive-a na intimidade com seus discípulos, antes de ser arrastado pelos fatos exteriores e pela multidão vociferante dos inimigos, que darão de sua morte uma explicação bem diferente.

Nós podemos fazer o mesmo, já que Jesus inventou esse meio de fazer-nos participantes de sua morte para unir-nos a ele. Participar da Eucaristia é o modo mais legítimo, mais justo e mais eficaz de "dispor- nos" para a morte. Nela celebramos também a nossa morte e a oferecemos, dia por dia, ao Pai, porque Cristo "morreu por todos e, portanto, todos estão mortos". Na Eucaristia podemos fazer subir ao Pai nosso "amém, sim", àquilo que nos espera, ao tipo de morte que ele quiser permitir para nós. Melhor ainda: podemos fazer de Jesus mesmo o nosso "amém a Deus" (cf. 2Cor 1,20). Na Eucaristia fazemos testamento: decidimos para quem deixamos nossa vida, por quem morremos.

Eu disse que a definição do homem como um "ser-para-a-morte" se aplica perfeitamente a Cristo que nasceu "para poder morrer". Mas aplica-se também aos cristãos. Por que nascer, se devemos morrer?, pergunta o incrédulo. Quem nos "jogou e atirou" nesta nossa existência?, pergunta o filósofo existencialista. Na fé encontramos a resposta. Nascemos para poder morrer. Mas isso, longe de ser uma condenação, é um privilégio. Recebemos o dom da vida para ter algo de único, de precioso, de digno de Deus, algo que, por nossa vez, possamos oferecer-lhe como dom e sacrifício. Que uso mais digno se pode imaginar para a vida do que fazer dela um dom de amor ao Criador que nos ama?

Para isso, porém, precisamos do Espírito Santo. Está escrito que Cristo se ofereceu a Deus "impelido pelo Espírito eterno" (Hb 9,14). Foi o Espírito Santo que sustentou na alma do Redentor o movimento de autodoação que o levou a aceitar a própria morte em sacrifício.

Com isso eliminamos de nossa vida todo o medo e toda a angústia natural diante da morte? Não, mas não é isso que importa. O superamento não acontece na natureza, mas na fé, e, por isso, é possível que a natureza não tire daí nenhum proveito. Jesus mesmo quis experimentar "uma tristeza mortal" em sua alma diante da morte e deu a razão disso dizendo: *O espírito está pronto, mas a carne é fraca* (Mt 26,41). Também essa angústia nós podemos transformar em algo que oferecer ao Pai com Jesus na Eucaristia. Cristo redimiu também o nosso medo!

O que importa é a fé. A cada discípulo Jesus ressuscitado repete o que um dia disse a Maria: *Eu sou a ressurreição e a vida; quem crê em mim, mesmo morrendo, viverá; todo aquele que vive e crê em mim não morrerá eternamente. Você acredita nisto? Crê isto?* Felizes os que podem responder, por graça de Deus e do fundo do coração: "Sim, Senhor, eu creio!"

ÍNDICE

1. "Qual o significado deste rito?"
*O mistério pascal na Bíblia
e nos Santos Padres*
pág. 5

2. "Morreu pelos nossos pecados"
O mistério pascal na história (I)
pág. 23

3. "Ele ressuscitou verdadeiramente"
O mistério pascal na história (II)
pág. 41

4. "Façam isto em memória de mim"
O mistério pascal na liturgia (I)
pág. 67

5. "Feliz culpa!"
O mistério pascal na liturgia (II)
pág. 85

6. "Purifiquem-se do velho fermento"
O mistério pascal na vida (I)
pág. 113

7. "Entre em si mesmo"
O mistério pascal na vida (II)
pág. 125

8. "Parta deste mundo, ó alma cristã"
O mistério pascal na morte
pag. 149